U0640570

"读品悟"中学生体验阅读系列

◎丛书主编：张忠义

# 体验友情

## 益友增添生命光彩

◎本书主编：张真和

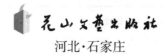

花山文艺出版社

河北·石家庄

图书在版编目（CIP）数据

益友增添生命光彩：体验友情 / 张忠义主编. --
石家庄：花山文艺出版社，2005（2024.6 重印）
（"读品悟"中学生体验阅读系列）
ISBN 978-7-80673-570-1

Ⅰ. ①益… Ⅱ. ①张… Ⅲ. ①语文课－中学－课外读
物 Ⅳ. ①G634.303

中国版本图书馆CIP数据核字(2005)第008109号


丛 书 名：　"读品悟"中学生体验阅读系列
丛书主编：　张忠义
书　　名：　**益友增添生命光彩：体验友情**
　　　　　　YIYOU ZENGTIAN SHENGMING GUANGCAI: TIYAN YOUQING

本书主编：　张真和

策　　划：　张采鑫
责任编辑：　于怀新
特约编辑：　李文生
装帧设计：　北京九洲鼎图书有限公司
美术编辑：　王爱芹
出版发行：　花山文艺出版社（邮政编码：050061）
　　　　　　（河北省石家庄市友谊北大街330号）
销售热线：　0311-88643299/96/17
印　　刷：　三河市中晟雅豪印务有限公司
经　　销：　新华书店
开　　本：　710mm×1000mm　1/16
印　　张：　9.5
字　　数：　170千字
版　　次：　2005年4月第1版
　　　　　　2024年6月第5次印刷
书　　号：　ISBN 978-7-80673-570-1
定　　价：　49.80元

（版权所有　翻印必究·印装有误　负责调换）

# 目 录

## 大 爱 无 言

两个馕 ……………………………………… 南 蛮 003

最温暖的拥抱 ……………………………… 于筱筑 004

永恒的承诺 ………………………………… 佚 名 006

亲历小汤山 ………………………………… 丁继东 008

把敌人也要当人 …………………………… 佚 名 013

笔友 …………………………………… [法]巴尔扎克 014

西湖船工 …………………………………… 王本道 016

心中有爱 …………………………………… 杨国华 019

生命的药方 ………………………………… 胡建国 021

早班车厢里的故事 ………………………… 佚 名 022

朋友的信任 ………………………………… 佚 名 024

回报的方式 ………………………………… 佚 名 026

一份最好的礼物 …………………………… 佚 名 027

# 送你一枝草

有人送我一枝草 ……………………………… 三 毛 031

谢了，朋友 ……………………………… 程静媛 032

寄人 ……………………………… 贾宝泉 034

寻人启事 ……………………………… 沙益薇 036

守门老人 ……………………………… 姜德明 038

只是因为 ……………………………… [美]辛蒂·维斯 041

我的老外邻居 ……………………………… [法]格拉斯 043

友谊之旅 ……………………………… [美]史蒂夫·威利 045

老王 ……………………………… 杨 绛 047

一张汇款单 ……………………………… 孙 光 049

名人也"嘉皮" ……………………………… 张 敏 051

同乡 ……………………………… 梁实秋 054

朋友如月 ……………………………… 薛海斌 057

友情——心灵之默契 ……………………………… 陈敬容 059

# 温馨岁月

少年时的朋友是影子 ……………………………… 常新港 063

打弹珠的朋友 ……………………………… 谢无双 065

我的接线员朋友 ……………………………… [美]保罗·维里厄德 068

戒指 ……………………………… 郭 宇 071

那年冬天 ……………………………… 高 音 076

女儿的礼物 ……………………………… 廖玉蕙 078

一个让人内疚的日子 ……………………………… 裴山山 080

益友增添生命光彩 ……………………………… 席慕蓉 083

朋友是桥 ……………………………… 孔 明 085

友情 ……………………………… 郭雄宏 086

月露之台 ……………………………… 梅绍静 087

朋友是好书 …………………………… 王泽民 090

友情 …………………………………… 於梨华 092

乡心 …………………………………… 潘漠华 094

## 金色的碑文

隔海相望的友情 ……………………… 周　明 101

永在的温情 …………………………… 郑振铎 105

忆白石老人 …………………………… 艾　青 110

追悼志摩 ……………………………… 胡　适 115

悼评梅先生 …………………………… 李健吾 121

怀李叔同先生 ………………………… 丰子恺 126

风雨中忆萧红 ………………………… 丁　玲 131

伤逝 …………………………………… 台静农 134

林徽因印象 …………………………… 文洁若 136

别让自己更孤独 ……………………… 刘　墉 141

真挚友情 ……………………………… 佚　名 143

友谊与爱情 …………………………… 佚　名 145

一个瞎子走在路上,另外一个人过来把他引上正路。可是瞎子却不知道他的指路人是谁。

一个人正在酣睡,忽然一条毒蛇昂着头向他爬了过来。另一个人赶过来把毒蛇杀死,可是酣睡者却依然在梦中。

他走在路上,把水果送给孩子们;在沙漠中把水送给了一位渴得要死的人;把自己的干粮平分给饥饿者。可是,谁也不与他相识。

真的,我们真的不认识那些为我们付出的人们。但我们却把他们永远记在心里。

# 大爱无言

记得当时年纪小

我爱谈天你爱笑

有一回并肩坐在桃树下

风在林梢鸟儿在叫

我们不知怎么睡着了

梦里花落知多少……

# 两 个 馕

◆南窑

> 翻遍了行李,才发觉,在那一刻,一瓶水或一块馕,比什么东西都重要得多。

今年"五一"节期间,我陪一位上海来的朋友去卡拉麦里山观赏野马,前后有十几天。

有一天,我俩背着画夹在山里转,忘记了时间,直到饥肠辘辘,才发觉,天不知道什么时候已经完全黑下来了,给司机打电话,却不是不在服务区,就是"您呼叫的用户忙,请稍后再拨"。我们又饿又渴,翻遍了行李,才发觉,在那一刻,一瓶水或一块馕,比什么东西都重要得多。可在那荒凉的荒野戈壁上,到哪里去才能找到吃的呢?偏偏我们又都迷路了,又没有带指南针,只好凭着印象往回走,期望能找到汽车,找到司机,更期望能看到一户人家,或一个牧羊人。

5月的新疆,白天很热,晚上的风却很让人受不了,更何况听说还有狼。我们先是边走边唱歌给自己壮胆,继而是在一处高坡上,不停地拨打司机和住在附近的朋友的电话,结果却都是"暂时无法接通"。能做的也就是在高地上生起一堆火,坐在那里干等。茫茫戈壁,前不着村,后不见店。

月亮升起来时,远远的,过来了一辆毛驴车,车上的维吾尔族汉子乐悠悠地哼着小曲儿。汉子发现了我们,停下车,好奇地打量。我忙站起来,用我那半通不通的维吾尔语,向他解释,我们迷路了,现在非常需要水和吃的东西,要多少钱,尽管说。不知道是那汉子听不懂我说的话呢,还是他身边没有带着什么可以吃的东西,说了半天,一无所获。

我们是真的有些绝望了,只好躺下来休息。

不知过了多久,隐隐约约地听见有人喊,朋友!朋友!醒一醒,朋友!睁开眼,却是刚才那个维吾尔族汉子。他气喘吁吁地比画着,解下腰间的花布,拿出两个馕,说,不要嫌烤得不好。原来,他能听懂我说话,刚才是身边没有带什么能吃的东西,这两个馕,是他专门跑到附近亲戚家里要了送来的。除了馕,还有水,装在一条自行车的旧内胎里。这是我们在旅途中收到的最珍贵的礼物。

**心灵体验**　　"两个馕"包含两层意思:一是食物;另一层是"我们"在旅途中收到的最珍贵的礼物。作者通过两个馕表现了维吾尔族人民热情、善良、真诚的美好品质。

1."5月的新疆,白天很热,晚上的风却很让人受不了",试从地理的角度解释这种现象。

2.你曾有过身陷绝境的经历吗?假如你是维吾尔族汉子,你会怎样做?

# 最温暖的拥抱

◆于筱筑

原来她一直是以法兰西的习惯来要求我,原来她真的是把我当成了自己的亲生女儿来对待。

我一直说不准房东塞尔玛的年岁到底有多大。但是从她最小的儿子都已30岁出头来推断,我估计她最少也已经年过六旬。尽管她脖子上的皮肤已经皱得比老树皮还老,但她的双眼却是炯炯有神。

我和塞尔玛是通过一个学姐认识的。当时我刚到法国,一下飞机,学姐就把我接到了塞尔玛家里。

当时塞尔玛正坐在旧式法兰绒沙发上晒太阳,看到我们便很亲切地过来拿行李,微笑着对我说欢迎。然后带我上楼看房间,告诉她几个儿女都不在身边,说要我把这当成家。我感动得差点热泪盈眶。

可是一个星期后我就想搬走了,因为我实在无法忍受塞尔玛的独断和自私。她把家里的电话用一个大盒子锁起来,限制我每天洗澡不得超过五分钟,更有甚者是她还限制我炒菜,理由仅仅是因为她不喜欢油烟。我只能跟着她一起吃土豆土豆再土豆。而且可能因为寂寞,她居然在家里养了三只猫、两只狗。尽管我极力收拾,但还是满屋子的猫屎狗粪。

我气愤极了,但我还是没有搬出去。相比8欧元一斤的番茄和15欧元一斤的苹果,一个月的房租40法郎,打着灯笼也找不到这么好的事了。

人在屋檐下不得不低头,我每天都这样安慰自己。可是事态并没有像我期待的那样走向平和。每天晚上我打工到12点才能回来,她又多了一条禁令:不许我开灯。当我那天晚上一脚踏上一堆猫屎时,我发出了一声尖叫。接着穿着睡裙的塞尔玛便从卧室里冲出来,大声指责我影响了她休息。

我委屈极了,翻来覆去都睡不着。可是第二天一大早,她就开始用她那个破破烂烂的录音机放迪斯科。

一个星期六，我向塞尔玛借了她小儿子那台旧电脑，却发现显卡有些问题，于是我特意叫了一些学计算机的同胞来帮我修，可是塞尔玛一直站在门边，不肯出去。

晚上我跟塞尔玛说，我要打电话。她却突然对我说，他们有没有换走我电脑里的硬件？

我呆了，她竟然这样不相信我。所有的委屈一下子爆发了，我对着她大叫："塞尔玛，中国人绝对不会做这种事！"然后我在给妈妈的电话里号啕大哭，泪如雨下。塞尔玛一直看着我，然后递给我一块毛巾，我看都不看她。

她叫我，她跟我说对不起，她说她误会了，中国人很优秀。我看着她吸着嘴，像个做错事的小孩。我止住了哭声，但我还是拒绝了她的拥抱。我说，请叫我乔安娜。因为我实在不忍心听她用我的母语把我的名字叫成愚小猪，然后我破涕为笑。

那个晚上，塞尔玛破天荒地让我下了厨房。她尝了我煮的面之后，赞不绝口。她说以后准许我下厨房，可以开灯。她的笑让我如沐春风，以为今后的日子可以和平相处了。

可是第二天，我在浴室里多待了一会儿，她又来敲门。

我郁闷极了，一个人跑出去。附近的圣坦尼斯拉广场天空蔚蓝，一切都保留着中世纪的风格。教堂里做弥撒时悠远的钟声，天空飞过的鸟群，带给人无与伦比的宁静。

可就在我回家的时候，被飞驰而过的摩托车挂倒了。我的腿疼极了，我挣扎着爬起来，却惊慌失措，下意识地就拨通了塞尔玛的电话。有那么一瞬间，脑子里闪过一个念头——我想她也许不会理我。可是不一会儿我就看到了塞尔玛急急赶来的身影。

羞愧于自己的自私和小心眼，躺在病床上的我难受极了。虽然只是骨折，可是我没有办医疗保险，这在法国是要付一笔极其昂贵的医药费的。坐在旁边的学姐一直在安慰我，说医药费没关系，大家会想办法的。

我问她，塞尔玛呢？

她摇摇头，笑着问我，你不是不喜欢她吗？

可是关键的时候，还是她把我送到医院的呀。

出院手续是学姐给我办的。我正不知道该如何报答的时候，她却说要带我去广场见一个人。

春光明媚的圣坦尼斯拉，阳光正好，生命正好。我突然看见空旷的广场那一边，塞尔玛穿着鲜红色的衣服在跳舞。她的身后是那个破破烂烂的录音机，而她的面前，是一沓零钞和一张纸牌，纸牌上面赫然几个大字：帮帮我的中国女儿。

雾时,我的灵魂被击中了。学姐轻轻地告诉我,出院手续其实是塞尔玛帮我办的。她一直严厉地要求她身边的孩子,而正是由于她严厉的教育和在生活上的一丝不苟,她的三个孩子一个已经是巴黎市的高级法官,另外两个都是议员,深受市民爱戴。

难怪她只要我那么低的房租,难怪她要我把这儿当家,难怪她会在关键的时刻为我筹钱,原来她一直是以法兰西的习惯来要求我,原来她真的是把我当成了自己的亲生女儿来对待。

塞尔玛,我朝她飞奔过去。我要和她来一个深深的拥抱。

友情能打开人们的心扉,让双方的心儿靠近;它能沟通人们的思想——即便是不同的思想也能因为友情而互相谅解。

1.古板的塞尔玛一直把"我"当亲生女儿对待,而"我"却误会了。文中"我的灵魂被击中了",你能说是被什么击中了吗?

2.塞尔玛为什么要近乎古板地要求"我"?

# 永恒的承诺

◆佚 名

前来光临面包店的人,尽管年轻的代替了年老的,女人代替了男人,但从未少过8个人。

新泽西的一名矿工在下井刨煤时,一镐刨在哑炮上。哑炮响了,矿工当场被炸死。因为矿工是临时工,所以矿上只发放了一笔抚恤金,不再过问他妻子和儿子以后的生活。

悲痛的妻子在丧夫之痛后又面临着来自生活上的压力,由于她无一技之长,只好收拾行装准备回到家乡那个闭塞的小镇去。这时矿工的队长找到了她,告诉她说矿工们都不爱吃矿工餐厅做的早饭,建议她在矿区开个面包店,卖些面包,说不定可以维持生计。

矿工妻子想了一想,便答应了。

于是她找人帮忙,面包店就开张了。开张第一天就一下来了8个人。时间推移,买面包的人越来越多。最多时可达二三十人,但最少时却从未少过 8 个人,而且风霜雨雪从不间断。

时间一长,许多矿工的妻子都发现自己丈夫养成了一个雷打不动的习惯:每天下井之前必须吃一个面包。妻子们百思不得其解。

直至有一天,矿工的队长在刨煤时被哑炮炸成重伤。弥留之际,他对妻子说:"我死之后,你一定要接替我每天去买一个面包。这是我们队 8 个兄弟的约定,自己的兄弟死了,他的老婆孩子怎么生活?咱们不帮谁帮?"

从此以后每天的早晨,在众多买面包的人群中,又多了一位女人的身影。来去匆匆的人流不断,而时光变幻之间唯一不变的是不多不少的 8 个人。

时光飞逝,当年矿工的儿子已长大成人,而他饱经苦难的母亲两鬓花白,却依然用真诚的微笑面对着每一个前来买面包的人。那是发自内心的真诚与善良。

更重要的是,前来光临面包店的人,尽管年轻的代替了年老的,女人代替了男人,但从未少过 8 个人。穿透十几年岁月沧桑,依然闪亮的是 8 颗金灿灿的爱心。

心灵体验

如果说有一种承诺可以抵达永远,那一定是用爱心支撑起来的,唯有如此,它才能够穿越尘世间最昂贵的时光。圣经上说:"如今常存的有信、有望、有爱,其中最大的是爱。"爱是人类所能渴望的最终极目标。

放飞思维

1."爱别人,也被别人爱,这就是一切,这是宇宙的法则,因为爱,我们才存在。"读完这个故事,你怎样理解这句话?

2.8 个矿工真的都不爱吃矿工餐厅做的早饭吗?十几年的岁月沧桑,每天的早点就是一个面包,他们为什么不厌烦呢?

# 亲历小汤山

◆丁继东

心系兄弟姐妹，情牵同胞安危，无悔与死神较量，心儿闪耀圣洁光芒……

## 一

2003年5月12日，我接到总政宣传部一位干事的电话："总政的领导将带领总政慰问团，于14日下午到小汤山医院进行慰问演出。请你们通知小汤山医院，并协助我们做好相关准备。"此后两天间，我的电话就成了一部与小汤山医院政治部之间保持联系的热线电话。14日上午，当我真实地站在小汤山医院的时候，心里为自己能勇敢地站在这里而自豪，尽管害怕与担心也同时存在于我的内心深处。

小汤山医院一片繁忙的景象。穿军装的、穿工作服的、戴口罩的、不戴口罩的，每个人都在忙前忙后：打扫卫生，喷洒消毒液，挂横幅标语，人员调度，安置慰问品等等，人人都干得热火朝天，井然有序。这样的景象给我一种非常好的安全感，来时内心的不安与害怕立即消失得无影无踪。

小汤山医院的政委指着湖心小岛前的一片空地告诉我：演出的地点就设在那里。这样安排，不仅生活区的观众可以自由观看，限制区的工作人员在不出限制区的情况下也能看到演出……顺着政委指示的方向，我注意到了限制区那栋楼。现在远不到演出的时候，但凉台上已经有不少工作人员在向这里眺望了。政委说，他们就是目前直接接触SARS病人的医护人员。从踏进小汤山医院时起，他们就没有离开病区一步。

凉台上的工作人员越来越多。他们指点着，交流着，非常兴奋的样子。那情景令我觉得，无论是首长还是明星们，其实早就该来了。

## 二

14日下午3时，军队专业文艺工作者乘坐的中巴抵达小汤山医院。细雨还没有停，组织者邀请演员们到体检大厅前避雨。这场意外的雨使得在生活区里等候观看演出的医护人员与演员们之间一下子成了零距离。

一个有趣的现象真实地呈现在我的眼前：有不少一线人员很想跟明星们合个影，但又怕明星会拒绝，想上前又不敢上前，欲开口又开不了口的情景，令我这个旁观者都感受到了他们的心理压力；明星们的心态或许也相同，他们下意识地选择和自己的同伴站在一起，并没有有意走向由一线人员组成的观众群。

这个现象几分钟后就被两位来自第四军医大学的年轻女兵和演员魏积安共同打破了。不知是魏积安听到了两位女兵的嘀咕声而有意走过来，还是两位女兵已经大胆地走向了她们心目中的明星。防范的"堤坝"一旦决口，小汤山医院立即呈现出通常情况下自然会看到的"明星效应"，只一会儿工夫，众明星就被观众们"瓜分"完毕，闪光灯一时亮个不停，笑声立即冲开了雨的清冷，生活区成了一片欢乐的海洋。

限制区观众们的心态不平衡了，他们热情地邀请明星们离他们近些。艺术家们立即接受了邀请，主动走向限制区。欢呼声又立即在那里响起……

这样的情景后来在慰问团慰问309医院、军事医学科学院和昌平轮休点的演出中也同样出现过。我记得在昌平轮休点，宋祖英走下舞台、走近观众演唱的时候，一线人员献给宋祖英的鲜花一会儿就把她"淹没"了……

我在文化岗位上工作了十余年，见过很多"追星"场面，但是在"非典"一线目睹这样的情景，心里还是很激动。明星们走向限制区的时候，显然没有把那里的观众视为另类——在深深敬仰他们的时候尽可能远远地躲避他们。他们的平常心态让那一刻的现场充满欢乐。这不仅是物理距离的缩短，更是心与心的沟通。小汤山医院医务人员在积极救治病人的同时，也要将自己摆在与病人相同的"待遇"上。必要的物理隔断他们是能够接受、能够理解的，但精神上的歧视就不仅仅是承受力的问题。准隔离不是被隔离，救治病人不一定表示他们也是病人。面对走过来的自己喜爱的明星，他们的"欢迎"更是一种情感的回应。而理解，可以让人在最艰苦的时节内心充满力量。

在这欢笑中，我同样也读到了苦涩。

一位工作人员苦笑着跟我讲起他的一次亲身经历。有一天他上街购买办公用品，开具发票时，原本热情服务的售货员因知道他来自小汤山医院而立即变得脸色惨白，账目怎么算都不对。他默默地帮她算好了账，之后拿着采购到的物品默默地离开了。他知道他走后，那个店面一定会被彻底地重新消毒。

那位售货员错了吗？在全民皆有防范意识的今天，防范每一次有可能的感染是每个公民应尽的义务和责任。但是，难道人们可以否认这里面没有防范过当和歧视的成分吗？

工作人员谈起这事，话里透有几分苦涩：如果我们也怕，那谁来救治那些已经患病的病人？

并不仅仅是小汤山医院医护人员有这样的经历。

知道首长要到一线慰问工作人员，有秘书打来电话，口气里充满担忧：能不能不安排首长参加？能不能让首长在一线停留的时间短一些？要么让首长参加一半活动找个理由提前回来，万一……

秘书们错了吗？他们尽心尽职地为首长考虑，设身处地呵护首长安全，这是职责，无可非议。但工作在一线的人们知道了会怎样想？换句话说，如果我们自己的亲人就在前线冲锋陷阵，我们清楚地知道他们的内心其实非常渴望人们的关心与理解，我们还会这么说吗？

我没有问过，无从知晓会有怎样的回答。但我注意到在慰问演出的整个活动中，至少有十余位肩上挂着将星的将军们，以从容的态度真真实实地出现在小汤山医院限制区工作人员的面前。特殊看台上的观众们像拥戴明星一样叫着自己熟悉的首长的名字。

有位曾在一线工作数周的医务人员，经调整休息后准备回家调养几天。她按习惯搭乘班车时，却发现班车上的人、包括她过去非常好的朋友都躲着她。她坐在中间的位置上，朋友们就向两边散开；她走到后面的角落坐下，人们又都挤到了车前。她心里暗暗落了泪，回家后跟爱人说，以后我再也不坐班车了，回家时就打的。爱人有些为难地告诉她说：能少回来就少回来吧。你回家一次，我就得被单位隔离半个月，而且单位里的同事谁见了我都躲得远远的，好像我就是病人似的，弄得心里挺不舒服的。她哭了，心里对自己说，以后不再坐班车了，也一定少回家……

她的朋友和爱人错了吗？理论上显然没有。在随时可能造成疫情流行的季节里，人人都有警惕的必要，人人都有保障自己健康的权利。可是谁会顾及她的感情？她能不能大声地吼一句：难道我在一线努力工作，就为了要面对生活中这样的情景吗？

她告诉我，她谁也不想责怪，只让自己悄悄把泪水强行咽下。

我们确实注意到了，更多的时候，人与人之间充满了关爱；但也要承认，有时候冷漠比刀子更能"杀人"。

因为爱人在解放军总医院门诊工作，过去我经常会遇到热情的询问：能不能让你爱人帮助挂号、看病？或者安排提前住个院、买个药啥的。这年月，谁还没个头疼脑热……爱人自然是尽力帮忙。我不止一次跟爱人开玩笑说：真没想到，因为你的存在，我在单位还挺有人缘。

疫情来临，爱人和我的身份没有一点儿变化，但我在单位的"人缘"却一下子差了很多。往日见你笑脸相迎的人,如今看到你后,会想方设法躲开你;真有工作上躲不开交往的时候,因为彼此都比较熟悉,有人甚至跟我开玩笑道:今天你喝没喝感冒茶啊,否则,离咱远点儿。

他们错了吗?我想是没有错的。解放军总医院是北京最早发现 SARS 病人的医院,爱人每天又都在接触一线工作人员,同事对我小心一点儿显然没有坏处。于是,我悄悄给自己定了一个标准,能躲开大家就尽量躲开大家,能少说话就一定少说话。真的躲不开又必须说话时,彼此间的距离一定保持两米以上。如果可能,我也可以只通过打电话的方式保持着跟他人的联系……

事实正如我们切身感受的那样,病毒不仅引发了全民健康问题、人与自然问题、环保问题等,同时也引来了道德问题、国家预防机制问题、社会紧急动员机制问题等。在这场重大而严酷的较量中,科学的、道德的、社会的多方面的较量,我们每个人都毫无例外地站在一个共同的考场,任何人都无法回避。一方面我们看到了那么多勇士义无反顾地冲在抗击病毒的最前沿,他们的牺牲奉献精神让我们深深感动;另一方面我们的生活中又出现了许多类似拒进酒店、拒进公寓、拒进学校、拒进幼儿园等等的事件,令人备感世态炎凉。

由此,我佩服军中优秀艺术家们敢于在这样的时期走近一线人员,我理解一线人员对艺术家们敢于跟他们近距离接触的谢意。我看到工作人员把这份感谢化作对明星毫不顾忌的喜爱,化作每一束献给艺术家们的鲜花,化作少男少女般追星签名的行为;而艺术家们也被工作人员所感动,他们把这种感动化为一次次更加充满激情的演唱……

## 三

仿佛要故意考验一下我对病毒的承受力,从小汤山医院回来不久,我经历了一场虚惊。那几天,身体不知怎的也跟我闹起了别扭。先是嗓子疼得厉害,之后鼻子不通气,等到有一刻我忽然觉得浑身发冷感觉自己的体温正在升高时,一种不祥的预感袭上心头:莫非我也染上了?

量体温之前,我给爱人打了个电话,将自己感觉不好的消息告诉了他。爱人在电话那头顿了一下:借个体温计量量体温,如果感觉不舒服,赶紧回家。

我找部里的行政干事借体温计的时候,有意提醒她离我远一点,她笑笑没有走近更没有拉远距离,因为知道了我身体的不适,那一天她反而对我有了更多的关照。这是生活中一件极小的事情,只是因为发生在疫情期间而让我内心的感受颇为复杂。一方面我真心地希望她远离我,如果我真的得了病毒,她这样做有太大的危险性。另一方面我又深深地感谢她，在那样一个"未知"的时候，她本能的反应让我感受到同事心底的善良。

病中的人情感是脆弱的。那天，我收拾好东西离开办公室，临出门回头看了看自己非常熟悉的工作环境，心里产生一种非常的眷恋。关门的时候，我的心里酸酸的。

在家休息的几天，部里领导和同事打来的每一次问候电话都让我体味着真情的温暖。很快，我的体温下来了，心海里情感的温度却始终保持在一个高度上。我觉得这场虚惊挺值的。至今我也没有把感谢的话儿当面说给他们听，但内心深处却珍藏着在这样一个特殊时期所感受到的可贵真情的点点滴滴。因此，当我恢复健康的时候，我那么乐意地告诉他们，自己健康，与知道别人也健康，这是一件多么普通的事，又是一件多么幸福的事。

对小汤山医院的前前后后最有发言权的，恐怕应该是时任小汤山医院院长了。在慰问演出的现场，他根本无法安静下来看节目，不断打给他的手机电话使他最终选择站在外圈看演出，这使得同在外圈看演出的我与他有了一次较为宽泛的轻松交谈。几年前白求恩军医学院转变隶属关系归到总后的时候，我们曾在白求恩军医学院见过面。作为院长的他当时给我的印象是亲切、幽默、率直、坦诚，这一次我才真真切切地意识到，站在自己面前的他，原来是一位资深的医学专家，历来重视临床实践，强调从医人员应该有责任心，对病人要有责任感，不能只见"病"不见"人"。"非典"初露端倪的时候，他就开始广泛收集资料。他在国防大学学习时所写的论文恰好也是与抗击"非典"的战略设想有关。

非常奇怪的是，站在他的面前，我没有面对领导的感觉，相反觉得自己是站在一个老兵、一个医学专家的面前，甚至有一种站在兄长般的普通医生面前的感觉。"非典"打破了他生活中原有的宁静，他的生活也因此发生了很多变化。他成了全国的新闻人物，尽管他并不喜欢这样。他对我说，媒体的宣传应该降温，应该让医务人员静下心来更多地研究怎样更好地照料病人，进行科学探索。他开玩笑说，如果小汤山医院有任何一个工作人员多咳嗽几声，他的心跳都会加速；如果小汤山医院医务人员真有一个人病倒，那么那个病倒的人应该是他而不能是任何人。谈到抗击"非典"的前景，他分析说，冲锋的工作估计要告一段落，但对SARS病毒的研究与救治工作是不能停顿的。

最后我问了他一个很幼稚的问题：不管将来怎样，小汤山医院这段日子是不是永远都会留在你的记忆里？他冲我笑笑：是的，不可能忘记。

有一天，我收到一份传真，那是一份特殊的音乐作品，是来自小汤山医院一线值班人员创作的歌。词作者周瑛子是年仅20岁的护理人员，她是随第一军医大学医疗队一起进驻小汤山医院的。工作之余,她作词、吴德钦作曲的一首歌《圣洁》完成了:"心系兄弟姐妹,情牵同胞安危,无悔与死神较量,心儿闪耀圣洁光芒。"

我给瑛子发了短信,后来我们又通了电话。我对她说,我期待着有一天,当"非典"远离我们而去,你能自己弹着吉他为观众们演唱你自己创作的歌。

瑛子在电话里对我说,谢谢,如果能那样太好了。

经历过及没有经历过抗击"非典"的人,读了这篇文章都会感到心灵的颤动。我们在感受世态炎凉的同时,也必须听到看到生活中美好的主旋律。

1.在"非典"期间,你有过被隔离或与"非典"疑似病人接触的经历吗?当时的心理如何?

2.收集在"非典"期间发生的令人难忘的事情,并用简洁的文字记录下来。

# 把敌人也要当人

◆佚 名

当这些人手持武器出现在战场上时,他们是敌人。可当他们解除了武装出现在街道上时,他们是跟所有别的人,跟"我们"和"自己"一样具有共同外形、共同人性的人。

1944年冬天,苏军已经把德军赶出了国门,成百万的德国兵被俘虏。每天,都有一队队的德国战俘面容憔悴地从莫斯科大街上穿过。当德国兵从街道走过时,所有的马路都挤满了人。苏军士兵和警察警戒在战俘和围观者之间。围观者大部分是妇女。她们当中的每一个人,都是战争的受害者。她们的家人,或者是父亲,或者是丈夫,或者是兄弟,或者是儿子,都让德寇杀死了。她们每一个人,都和德国人有着一笔血债。

妇女们怀着满腔仇恨,当俘虏们出现时,她们把一双双勤劳的手握成了拳头,士兵和警察们竭尽全力阻挡着她们,生怕她们控制不住自己的冲动。

这时,最令人意想不到的事情发生了:

一位上了年纪的妇女,穿着一双战争年代的破旧的长筒靴。她走到一个警察身边,希望警察能让她走近俘虏,警察同意了这个老妇人的请求。

她到了俘虏身边,从怀里掏出一个用印花布方巾包裹的东西。里面是一块黑面包,她不好意思地把这块黑面包塞到了一个疲惫不堪的、两条腿勉强支撑得住的俘虏的衣袋里。看着她身后那些充满仇恨的同胞们,她开口说话了:"当这些人手持武器出现在战场上时,他们是敌人。可当他们解除了武装出现在街道上时,他们是跟所有别的人,跟'我们'和'自己'一样具有共同外形、共同人性的人。"

于是,整个气氛改变了。妇女们从四面八方一齐拥向俘虏,把面包、香烟等各种东西塞给这些战俘。

这些人已经不是敌人了。这些人已经是人了……

究竟是把敌人变成人,还是把人变成敌人,这里体现了人类灵魂走向的两种可能性:一种走向通往天使,一种走向通往魔鬼。人类真是一个极其奇怪的群体,他们高贵的时候那么高贵,凶狠下流的时候竟然那么不讲道理。

1."爱你的仇敌吧,就像爱你的兄弟,因为爱可以溶解一切仇恨",读完这个故事后,你怎样理解梭罗的这句话?

2."这些人已不是敌人了,这些人已经是人了……"这句话蕴含了什么哲理?

# 笔　友

◆ [法]巴尔扎克

给孤独的人一份友谊,就如为了使沙漠变得
美丽在它的什么地方掘出一口水井。

有一天上午,我在一本销行很广的孟买杂志某页上看到世界各地征求印度笔友的年轻人的姓名和通信地址。我见过我班上男女同学收到未曾晤面的人寄来厚厚的航空信。当时很流行与笔友通信,我何不也试一试?

　　我挑出一位住在洛杉矶的艾丽斯的地址作为我写信的对象，还买了一本很贵的信纸簿。我班上一个女同学曾告诉我打动女人芳心的秘诀。她说她喜欢看写在粉红色信纸上的信。所以我想应该用粉红色信纸写信给艾丽斯。

　　"亲爱的笔友，"我写道，心情紧张得像第一次考试的小学生。我没有什么话可说，下笔非常缓慢，写完把信投入信箱时，觉得像是面对敌人射来的子弹。不料回信很快就从遥远的加利福尼亚州寄来了。艾丽斯的信上说："我不知道我的通信地址怎会列入贵国杂志的笔友栏，何况我并没有征求笔友。不过收到从未见过和听过的人的信实属幸事。反正你要以我为笔友，好，我就是了。"

　　我不知道我把那封短信看了多少次。它充满了生命的美妙音乐，我觉得飘飘如仙！

　　我写给她的信极为谨慎，决不写唐突那位不相识的美国少女的话。英文是艾丽斯的母语，写来非常自然，对我却是外国文，写来颇为费力。我在遣词用字方面颇具感情，并带羞怯。但在我心深处藏有我不敢流露的情意。艾丽斯用端正的笔法写长篇大论的信给我，却很少显露她自己。

　　从万余公里外寄来的，有大信封装着书籍和杂志，也有一些小礼物。我相信艾丽斯是个富裕的美国人，也和她寄来的礼品同样美丽。我们的文字友谊颇为成功。

　　不过我脑中总有个疑团。问少女的年岁是不礼貌的。但如果我问她要张相片，该不会碰钉子吧。所以我提出了这个要求，也终于得到她的答复。艾丽斯只是说她当时没有相片，将来可能寄一张给我。她又说，普通的美国女人都比她漂亮得多。

　　这是玩躲避的把戏吗？唉，这些女人的花样！

　　岁月消逝。我和艾丽斯的通信不像当初那样令人兴奋。时断时续，却并未停止。我仍在她生病时寄信去祝她康复，寄圣诞片，也偶尔寄一点儿小礼物给她。同时我也渐渐老成，年事较长，有了职业，结了婚，有了子女。我把艾丽斯的信给我妻看。我和家人都一直希望能够见到她。

　　然后有一天，我收到一个包裹，上面的字是陌生的女人的笔迹。它是从美国艾丽斯的家乡用空邮寄来的。我打开包裹时心中在想，这个新笔友是谁？

　　包裹中有几本杂志，还有一封短信。"我是你所熟知的艾丽斯的好友。我很难过地告诉你，她在上星期日从教堂出来，买了一些东西后回家时因车祸而身亡。她的年纪大了——4月中旬已是78岁——没有看见疾驶而来的汽车。艾丽斯时常告诉我她很高兴收到你的信。她是个孤独的人，对人极热心，见过面和没见过面的，在远处和近处的人，她都乐于相助。"

　　写信的人最后请我接受包裹中所附的艾丽斯的相片。艾丽斯说过要在她死后才能寄给我。

相片中是一张美丽而慈祥的脸,是一张纵使我是一个羞怯的大学生,而她已入老境时我也会珍爱的脸。

孤独是人类的一种疾病,无论男女老少都容易染上。给孤独的人一份友谊,就如为了使沙漠变得美丽在它的什么地方掘出一口水井。

1.艾丽斯"玩躲避的把戏"对不对?她为什么要这样做?

2."我"看到了艾丽斯的照片,还会不会像以前一样珍惜两人之间的友情?

# 西 湖 船 工

◆王本道

> 我曾认为缺少一点朴素,缺少一点粗犷。如今,通过与船工的接触,我深深地感到这缺欠得到了天衣无缝的弥补。

西湖的话题,人们谈论得够多的了。"柳浪闻莺""三潭印月"诸多由大自然和人类共同创造的风景名胜以及春湖水满,远山近树,高塔长桥等种种写意画似的湖山妙境,不知引发了多少文人墨客的诗情画意。"欲把西湖比西子,淡妆浓抹总相宜",北宋苏东坡对西湖的赞美,应该说是颇具代表性的了。然而,去春由杭州归来,时常牵动我的思绪并引发我的写作冲动的,却是烟波浩渺的西湖水面上那道动人的风景——西湖船工。

正是阳春三月,又逢细雨蒙蒙,车沿湖滨路北去,过孤山,越西泠,沿途亭台楼榭都隐入淡淡的烟霭之中。十几分钟后,便到了湖边。这时,细雨似已停歇,西湖正显露着如梦初醒的倩影。游湖的船有三种,一种是由电瓶做动力的游艇,可乘 10 人左右;另一种是脚踏的"半自动";还有一种是一篙双桨的人力船,船身很小,至多乘坐三四个人,中间一个很小的舱,船尾供船夫撑船划桨,船头摆着一方小桌,三两张座椅,上面是一块淡蓝色的遮阳伞。上船的码头类似城里的公交车站,井然地散落在湖畔各处,那名字也取得奇特:"春淙""紫阳""一片云"

"飞香亭",去尽铅华又显得儒雅。我与同行的 L 君不假思索地选择了一条人力船。船工是位 30 岁左右的青年,中等身材,身穿一件灰色的运动衫,外着一件黑色马甲,白里透红的脸上始终露着朴实的笑容。他扶我们上船后,便麻利地擦拭桌椅,让我们坐下,并很快在船舱中,沏好一壶新鲜的龙井茶,茶杯、瓜子、水果也摆在了桌面。打点过后,他笑吟吟地问:"两位先生要走哪条路线啊?"这下真的把我们问住了。我对西湖虽算不上是初游,但以往都是有朋友陪伴。窘迫之中,忽然想起白居易的两句诗:"最爱湖东行不足,绿杨阴里白沙堤",于是试探着问船工是否明白。没想到他立刻扬起眉毛笑着说:"晓得,晓得。"接着便拿起竹篙,轻轻一撑,小船便离岸而去。

此时的湖面,早已热闹起来。视际所及,游艇飘荡,小船点点,游人轻漾。湖畔有垂柳拂波,环湖有翠岭为障,眼前水鸟或露或藏,加上几杯醇正的龙井下肚,一颗心也飘飘然起来。这时,一直静静地在船尾划桨的船工说:"两位先生请看,前面过了锦带桥就是断桥了。你们一定会知道《白蛇传》的故事吧?"于是,他娓娓地为我们讲起了那段传奇故事。其实,药店的小伙计许仙与白素贞在雨中邂逅,以借伞还伞为由头,继而发生的端阳惊变、仙山盗草、水漫金山、断桥相会、合钵祭塔环环相扣的故事,少时就已经耳熟能详,但是经船工之口在这水光激荡,湖山竞秀的环境中重新提起,还是拨动了我的心弦。小船载负着我们的愉悦,绕至柳深鸟语的"柳浪闻莺"时,船工又为我们讲起了"卖油郎独占花魁"的传闻轶事。优哉游哉之中,我不由得想到,杭州真不愧是风光秀美之地,文学昌盛之都,极平常的小事,略为点染便陡增风雅。让我奇怪的是,这么一个年轻的船工,怎么会有如此丰厚的文化积累呢?于是我搭话问道:"小伙子,家住本地还是外地?在哪里学习到这么多掌故啊?"经我发问,那年轻的船工便伴随着双桨击水的节奏,介绍起了自己的身世。

他自幼生长在苏北农村,15 岁便离家到杭州谋生。做过酒店的跑堂,在街头擦过皮鞋,后来到西湖管理局做了船工,至今已经快 20 年了。他说道:"上面对船工要求很严格的,光是培训就搞了一个多月。"原来,西湖的管理部门为了提高服务质量,对船工的素质,诸如身体状况、文化程度、道德品质等都有明文规定。为我们划船的这位船工尽管文化水平低,但人很聪明,又肯学习,为人淳朴可亲,经过一个多月的培训终于取得了船工的资格证书。以后,他又边学文化,边钻研有关西湖的历史典籍、风土民情,几年后又取得了导游的资格,只是至今未被聘用。问及他的工作和家庭生活时,船工满怀喜悦地说:"在西湖撑船快 20 年了,这里的七八条游玩路线每天要走上几次,但总是看不腻,每次都有新鲜感。特别是游客来自四面八方,西湖对他们都是新鲜的。看到游客兴高采烈的样子,我心里也高兴。"接着他向我们介绍,他现在有一个幸福的家庭,一个儿子正读中学。因为自己没有多少文化,为了让儿子成才,夫妻俩商量,为儿子选了一所最好的学校寄读,每年的花销要用去他撑船收入的一多半,但也很值得。西湖的船工挣的是基本工资加效益工资,每年15000块左右,为了专心侍候丈夫和儿子,妻子就待在家里做家务。"虽然孩子的费用高些,但是老婆很节俭,自己再勤快些,每年除去开销,还有几千块的积蓄呢!"说到这儿,船工脸上漾起了波澜。

湖区中,苏堤纵贯南北,又有"六桥烟柳"之说。经船工提议,小船遂向苏堤漾去。此间,他又为我们介绍了苏东坡先后两次共五年在杭州任职期间浚湖筑堤的政绩。船工人虽年轻,文化又不高,但对西湖的传闻轶事、风土人情竟了如指掌,就连苏轼的"云山已作歌眉浅,山下碧流清似眼"的诗句,也能背诵得一字不差。闲聊之中,我随意问道:"你在西湖的20年船工生活都是很平静的吗?"他回答说:"哪里会是永远平静的呀!就连西湖的水也会翻成大浪呢。"接着他向我们介绍,有一年的汛期,他在平湖秋月一带为游客划船,原本是很晴好的天气,刹那间乌云密布,狂风把湖水吹得巨浪滚滚。一只小船被迎面的巨浪打翻,两名游客沉入了水中。是他临危不惧,纵身跳入水中,经过半个小时的搏斗,救出落水的游客。还有一次,一个年轻姑娘只身坐在他的船上,见她精神恍惚,面容沮丧,船工顿生疑窦,便好生劝说。原来,那姑娘在家中受到挫折,怀揣剧毒药品,是准备在湖心服毒投湖的。经过船工一个多小时的好言相劝,那姑娘才放弃轻生的念头,脸上重新露出微笑。听到这番介绍,我立刻高声说:"小伙子,你的事迹应该见报啊!"船工腼腆地轻声说:"去年,我已经被评为全省见义勇为先进个人了。"原来,这位船工还是一位见义勇为的英雄呢!

船近苏堤中段,时间已过正午,我和L君想饱览一下苏堤的商旅风光,便准备下船了。船泊码头,按乘船每小时40元标准计算,应付两小时共80元的费用。L君拿出一张100元的票子交给船工,并说:"不必找钱了。"而船工却执意不肯,坚持退回20元,还微笑着说:"我们赚的是辛苦钱,没有付出那份辛苦,就不该白收钱的。"当我邀请船工在苏堤与我们共进午餐时,他连声推辞说:"不客气,不客气,午餐老婆已经给我带上了,再说,还有生意要做。"说着与我们挥手告别。

望着船工和小船远去的背影,我心中掀起了阵阵涟漪。懂事以来,就知道西子湖是秀美的,她的美在于仪态可人且不矫揉造作。但多年来细细品味揣摩,又觉得她也似有某些欠缺。缺少什么呢?早年游西湖时,我曾认为缺少一点朴素,缺少一点粗犷。如今,通过与船工的接触,我深深地感到这缺欠得到了天衣无缝的弥补。杭州归来后,苦思冥想,我终于得出了结论,有西湖船工这道亮丽的风景,西湖,是完美无缺的!

湖美,人更美。西湖船工的好学习、思进取、见义勇为等已构成一道亮丽的人文风景,为西湖增色不少。让我们向这位船工致敬,更向发现船工之美的作者致意!

1.文章的开头直接引出主题,结尾照应主题,试分析这种写法的好处。

2.西湖历来是文人骚客吟赋的主题之一,留下了大量的不朽篇章,你最喜欢其中的哪一篇?它是从哪个角度来吟咏西湖的?

# 心 中 有 爱

◆杨国华

> 我死之后,一把火把尸体烧成骨灰太可惜了,把遗体捐献给国家吧!让医生能治好像我这样的病人。

任何人都逃避不了一个最简单的自然法则——死亡。死亡并不可怕,再完美的戏总有谢幕的时候。然而,一个即将谢幕的幼小的生命,却让我如此动容,让我庄严地向她致敬!

13岁的小女孩周越家住山东省德州市乐陵,那是一个盛产金丝小枣的地方。她曾和其他快乐的孩子一样健康活泼,但是一场病夺去了一切。那病是白血病,也称血癌。由于家庭无力承担几十万元的医疗费用,也找不到同一类型的骨髓,她已经错过了最佳治疗的时机。等待她的只能是短暂的生命历程,一朵花蕾很快就会凋谢。她说服了自己的父母,决定在死后把自己的遗体捐献给社会,让医生们解剖,以寻找治疗疾病的答案。

这是2001年11月27日晚上山东齐鲁电视台播放的一条新闻,采访的记者们都哭了,我也哭了。周越平静地说:“我知道自己的病看不好了,我妈妈下岗了,只有爸爸一个人在上班,家里的积蓄只够十几天的口粮,是社会上的叔叔、阿姨、伯伯们为我献爱心,捐钱给我治病,我没有能力回报他们了。我死之后,一把火把尸体烧成骨灰太可惜了,把遗体捐献给国家吧!让医生能治好像我这样的病人。”

当时，她执意让房间里的人都出去，只留下一名女记者说悄悄话。她附在女记者的耳旁说："阿姨，我知道自己不行了。住院8个月了，我一直没在爸爸妈妈面前哭过，我怕他们伤心，我在别人面前装得很坚强，其实我内心很害怕，我害怕失去这个美丽的世界。今天我是第一次哭……"

她哭了，没有关掉的摄像机记录下了这一切。

她说她想在临死之前看看大海，看看海边的礁石，还有礁石下的小螃蟹。

据说，节目播出以后，电视台一夜之间接到了四百多个热线电话。大连、威海、青岛等地的人还愿意把孩子接过去，让她看一眼大海。然而，这一切都阻止不了死神的迫近。

为什么一个幼小而又脆弱的生命竟蕴藏如此巨大的精神力量，让每一个活着的健康的人向她致敬？因为她心中有爱，有别人。也许现代医学永远不可能再治好她的病了，可即使在不久之后的某一天，她平静地闭上眼睛，我们还是会记住她的美丽。

这是一场爱的接力赛。一个13岁的小女孩患上白血病后，社会上的叔叔、阿姨、伯伯们向她伸出了援助之手。小女孩在她弱小的生命即将结束时，决定把遗体捐献给社会，让医生们解剖，以寻找治疗疾病的答案，"让医生能治好像我这样的病人"。让我们向这个小女孩致敬！让我们向所有关心、帮助过小女孩的人们致敬！让我们把这种爱继续传递下去！

1.中国有句老话："读《出师表》不流泪的人，不是忠臣，读《陈情表》不哭的人，不是孝子"，那么，当一个人看完这个故事后不为之动容的人就绝不是一个充满爱心的人。你认为呢？

2.小女孩坚强吗？为什么她一直没在自己的爸爸妈妈面前哭过？

# 生命的药方

◆胡建国

> 艾迪把自己的球鞋塞到德诺的手上:"以后睡
> 觉,就抱着我的鞋,想想艾迪的臭鞋还在你手上,
> 艾迪肯定就在附近。"

德诺10岁那年因为输血不幸染上了艾滋病。伙伴们全都躲着他,只有大他4岁的艾迪依旧像以前一样跟他玩耍。离德诺家的后院不远,有一条通往大海的小河,河边开满了五颜六色的花朵,艾迪告诉德诺,把这些花草熬成汤,说不定能治他的病。

德诺喝了艾迪煮的汤,身体并不好转,谁也不知道他还能活多久。艾迪妈妈再也不让艾迪去找德诺了,她怕一家人都染上这可怕的病毒。但这并不能阻止两个孩子的友情。一个偶然的机会,艾迪在杂志上看见一个消息,说新奥尔良的费医生找到了能治疗艾滋病的植物,这让他兴奋不已。于是,在一个月明星稀的夜晚,他带着德诺,悄悄地踏上了去新奥尔良的路。

他们是沿着那条小河出发的。艾迪用木板和轮胎做了一个很结实的船,他们躺在小船上,听见流水哗哗的声响,看见满天闪烁的星星,艾迪告诉德诺,到了新奥尔良,找到费医生,他就可以像别人一样快乐地生活了。

不知漂了多远,船进水了,孩子们不得不改搭顺路汽车。为了省钱,他们晚上就睡在随身带的帐篷里。德诺咳得很厉害,从家里带的药也快吃完了。这天夜里,德诺冷得直发颤,他用微弱的声音告诉艾迪,他梦见200亿年前的宇宙了,星星的光是那么暗那么黑,他一个人待在那里,找不到回来的路。艾迪把自己的球鞋塞到德诺的手上:"以后睡觉,就抱着我的鞋,想想艾迪的臭鞋还在你手上,艾迪肯定就在附近。"

孩子们身上的钱差不多用完了,可离新奥尔良还有三天三夜的路。德诺的身体越来越弱,艾迪不得不放弃了计划,带着德诺又回到了家乡。不久,德诺就住进了医院。艾迪依旧常常去病房看他,两个好朋友在一起时病房便充满了快乐。他们有时还会合伙玩装死游戏吓医院的护士,看见护士们上当的样子,两个人都忍不住大笑。艾迪给那家杂志写了信,希望他们能帮忙找到费医生,结果却杳无音信。

秋天的一天下午,德诺的妈妈上街去买东西了,艾迪在病房陪着德诺,夕阳照着德诺瘦弱苍白的脸,艾迪问他想不想再玩装死的游戏,德诺点点头。然而这回,德诺却没有在医生为他摸脉时忽然睁眼笑起来，他真的死了。

那天，艾迪陪着德诺的妈妈回家。两人一路无语，直到分手的时候，艾迪才抽泣着说："我很难过，没能为德诺找到治病的药。"

德诺的妈妈泪如泉涌："不，艾迪，你找到了。"她紧紧地搂着艾迪，"德诺一生最大的病其实是孤独，而你给了他快乐，给了他友情，他一直为有你这个朋友而满足……"

三天后，德诺静静地躺在了长满青草的地下，双手抱着艾迪穿过的那只球鞋。

朋友是什么？朋友是和你很像的人，通过他(她)你可以看到自己的优缺点；朋友是当你面对重要选择时握着你的手说"我相信你"的人；朋友是你在最快乐及最痛苦时想到的人；朋友是耐心听你心里话的人；朋友是你不管走到哪里，不管做什么事都惦记的人。

1.假如艾迪为德诺找到了贵医生，你能给本文设想另外一个结局吗？

2.如果你和艾迪有一样的经历，你会怎么做？

# 早班车厢里的故事

◆佚　名

人与人的情感是一样的，它高贵，温暖，柔软，不能因为生活的艰苦、状况的不堪就忽略它的存在，那些快乐、悲伤、友好、爱情……

20年前，我们这帮地位低下干着粗活的建筑工人每天挤着早班车，半睡半醒的我们把蓬乱的头蜷缩在脏兮兮的衣领里面，阴沉着脸，互不搭理。

一天，一个陌生的家伙加入我们中间。大家懒得多看他一眼，他上车时先和司机打招呼："先生，你好！"在他就座之前又转身朝后面的我们友好地笑笑。司机毫无表情地点点头，其余的人态度冷漠。

第二天这个家伙情绪高昂地跳上车。他笑容满面地问候："各位早上好！祝大家一天都开开心心！"我们这帮粗人对此感到诧异和莫名其妙，我们中的两三个人

愣愣地看了他一眼，不情愿地咕哝着："好！"

第二个星期，我们更惊奇了。这个家伙竟穿上了一套旧式的西服，系着一条同样过时的领带，很明显，他稀疏的头发精心梳理过。他每天都快乐地向我们问好，渐渐地，我们大家也开始偶尔和他点头和搭话了。

一天早晨，这个家伙抱着一束鲜花走进了车厢。"一定是送给你女朋友的吧？查利。"司机微笑着问道。其实，我们不知道他是不是叫查利，但这并不重要。查利略微害羞地点点头，说是的。

我们这帮人热烈地鼓起掌来，有的还吹起俏皮的口哨。查利鞠躬表示谢意，然后又把那束花高高举起，像芭蕾舞演员一般优美地转了几圈，然后才坐到位子上。我们大家都看呆了，掌声再次响彻车厢。

从那以后，每天早晨，查利都要带一束鲜花上车。鲜花把车厢装点得鲜亮美丽，我们的心情也变得轻松愉悦起来。慢慢地，我们中的有些人也开始带花插入查利的那束花中。我们互相推搡着笨拙慌乱地把花插进去，黝黑的脸上闪着平常难见的柔情，柔情中又透着明显的难为情。"你好！""你好！""你好！"大家开始笑着互相问长问短，兴致勃勃地开着玩笑，分享着报纸上的各类趣闻。

可是，那个早晨，查利没有像往常那样出现在他等车的老地方。一天、两天、三天过去了。我们猜想他是不是生病了，或者，往好的方向想，他休婚假了。

星期五那天，我们几个人来到查利每次下车后走进去的那家公司，并让司机等我们一会儿。走进那扇大门时，我们每个人都很紧张。

"我们公司没有叫查利的，但从你们描述的情况来看，他应该是我们公司的清洁工人戴文。"接待室的人告诉我们，"但是最近几天，他有点事没有来公司上班，不过你们放心，他很好。"很多天以后，在老地方，我们果真等来了查利。看见他我们都很高兴，热烈地上前拥抱他，有的人甚至快要哭了。这个原本与我们格格不入的家伙，却给我们这些情感粗硬麻木的建筑工人带来了柔情，用他的鲜花和微笑唤醒了我们内心深处最柔软的东西，让我们学会了传递关爱和快乐，也懂得了分担悲伤和痛苦。"我的一位朋友去世了。"查利说，神情很伤感。此时，我们也都缄默无语了，每个人的眼睛都潮潮的，紧紧握住查利的手。

那一刻我才知道，人与人的情感是一样的，它高贵，温暖，柔软，不能因为生活的艰苦、状况的不堪就忽略它的存在，那些快乐、悲伤、友好、爱情……

我们的手，紧紧地握住了查利的手。

心灵体验　　　　文中的查利是一个普通的清洁工人却有着非凡的人格魅力，他用热情的生活态度唤醒了一群冷漠、麻木的人们，让大家变得开朗活跃起来。人与人的情感是一样的，无论地位高低、贵贱都一样有着高贵、温暖、柔软的情感，这是本文给我们的启示。

1. "其实，我们不知道他是不是叫查利，但这并不重要"，你认为重要的是什么？

2. "鲜花把车厢装点得鲜亮美丽，我们的心情也变得轻松愉悦起来。"真的是一束鲜花就改变了这一切吗？

# 朋友的信任

◆佚 名

千百年来，有关朋友的解释有千种万种。但是有关朋友的解释其实只需两个字，那就是：信任。

公元前4世纪，在意大利，有一个名叫皮斯阿司的年轻人触犯了国王。皮斯阿司被判绞刑，在某个法定的日子要被处死。

皮斯阿司是个孝子，在临死之前，他希望他能与远在百里之外的母亲见最后一面，以表达他对母亲的歉意，因为他不能为母亲养老送终了。

他的这一要求被告知了国王。

国王感其诚孝，决定让皮斯阿司回家与母亲相见，但条件是皮斯阿司必须找到一个人来替他坐牢，否则他的这一愿望只能是镜中花水中月。

这是一个看似简单其实近乎不可能实现的条件。有谁肯冒着被杀头的危险替别人坐牢，这岂不是自寻死路。但，茫茫人海，就有人不怕死，而且真的愿意替别人坐牢，他就是皮斯阿司的朋友达蒙。

达蒙住进牢房以后，皮斯阿司回家与母亲诀别。人们都静静看着事态的发展。

日子如水，皮斯阿司一去不回头。眼看刑期在即，皮斯阿司也没有回来的迹象。人们一时间议论纷纷，都说达蒙上了皮斯阿司的当。

行刑日是个雨天，当达蒙被押赴刑场之时，围观的人都大笑他的愚蠢，那真叫愚不可及，幸灾乐祸的大有人在。但，刑车上的达蒙，不但面无惧色，反而有一种慷慨赴死的豪情。

追魂炮被点燃了，绞索也已经挂在达蒙的脖子上。有胆小的人吓得紧闭了双眼,他们在内心深处为达蒙深深地惋惜,并痛恨那个出卖朋友的小人皮斯阿司。

但是,就在这千钧一发之际,在淋漓的风雨中,皮斯阿司飞奔而来,他高喊着:"我回来了!我回来了!"

这真是人世间最感人的一幕,大多数的人都以为自己在梦中,但事实不容怀疑。这个消息宛如长了翅膀,很快便传到了国王的耳中。

国王闻听此言,也以为这是痴人说梦。

国王亲自赶到刑场,他要亲眼看一看自己这个优秀的子民。最终,国王万分喜悦地为皮斯阿司松了绑,并亲口赦免了他的罪。

这是一个真实的故事,不但感人,而且震撼人的灵魂。

千百年来,有关朋友的解释有千种万种。但是有关朋友的解释其实只需两个字,那就是:信任。

信任的基础是什么呢?是互相之间对人品的了解与欣赏。朋友间的信任更是这种高贵品质的升华。我们能够把自己的信任完全交付给自己的朋友,我们就赢得了人生的友谊。

1.是什么使"刑车上的达蒙,不但面无惧色,反而有一种慷慨赴死的豪情"?

2.在淋漓的风雨中,皮斯阿司飞奔而来,他践约而来,他不能失去朋友,不能失去朋友的信任,因为他认为朋友间的信任比性命更重要。你怎样理解这种信任?

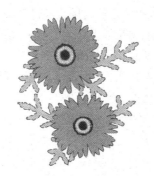

25

# 回报的方式

◆佚 名

其实,他们正是最需要钱的。然而,他们却帮助了那些更需要帮助的人们。

一对法国农民夫妇15岁的儿子得了一种恶性皮肤病,那是他们的第一个孩子。

夫妇俩借了所有能借到的钱,领着儿子到处去看病。那年冬天,在马塞一家医院里,母亲陪护儿子治疗,儿子睡在病床上,母亲就和衣坐在冰凉的水磨石板上,几十个日日夜夜,她没有安静地睡过一宿觉。

母子俩吃的都是从家里带来的面包,大夫们实在看不下去,午餐的时候,总会给他们送来两份牛排,而母亲依旧吃冷面包,把另一份留给儿子晚上吃。

后来,儿子的病情不断恶化,医生告诉母亲:"孩子的病治不好了,维持生命需要很多的钱。"母亲回到病房,默默地收拾行李,然后平静地对孩子说:"咱们回家吧。"

说完,母子两人在走廊里抱头痛哭了整整一夜。天亮时,便乘火车回到了家。

再后来,孩子的不幸遭遇被巴黎一些媒体报道了,好心的人们纷纷捐款,连学校的孩子也将自己的零花钱一分一分地捐出来,希望能留住他的生命。然而,这是一种非常严重的病,孩子还是死了。

孩子在离开人世之前,把能够知道姓名的好心人一个一个地记在笔记簿上,他告诉父母:

"我不想死,可我知道自己的病拖累了你们。我死之后,一定把这些钱还给人家。"

终于有一天,孩子走了,孩子走的时候脸上带着微笑,像睡着了的样子。

埋葬了孩子,这对可怜的父母显得苍老了很多。虽然家里已是空荡荡的,连生活都成问题,但他们还没有遗忘孩子的遗愿。

夫妇俩变卖了家产,踏着积雪,敲开那一扇扇门,把钱一笔一笔地退给那些曾经帮助过他们的人,并对那些好心人说:

"孩子已经走了,多谢你们帮忙。"

人们拒绝接受,他们哭了:

"孩子的心愿不能违呀!"

大伙只好含着泪收下，可是，那些无法退回的钱，他们却用来作为一个基金，谁家有病有灾的，尽可以拿去用。其实，他们正是最需要钱的。然而，他们却帮助了那些更需要帮助的人们。

他们说养了一年的牛可以卖了，种植的葡萄园也能收入点钱，他们想把那基金再充实一下……

为什么感人的故事只发生在穷人身边？为什么最应该得到金钱和帮助的人，却那么慷慨地建立一个基金？在高度物质化的社会里，又有几个人能坚守这心灵的底线；在物欲横流的今天，哪里还留存着人类最后的良知？对照他们，在精神上是穷人还是富翁，我们应该怎样回答呢？

1.有些一夜暴富的款爷曾哀叹：我穷得只有花不完的钱了。对这种病态的富贵，请你给开出一张治病的处方。

2."孩子走了，孩子走的时候脸上带着微笑"，是什么力量使得他如此呢？

# 一份最好的礼物

◆佚 名

给予比接受更令人快乐。

这一年的圣诞节，保罗的哥哥送给他一辆新车作为圣诞礼物。

圣诞节的前一天，保罗从他办公室出来时，看到街上一名男孩在他闪亮的新车旁走来走去，触摸它，满脸羡慕的神情。

保罗饶有兴趣地看着这个小男孩，从他的衣着来看，他的家庭显然不属于自己这个阶层。就在这时，小男孩抬起头，问道："先生，这是你的车吗？"

"是啊，"保罗说，"是我哥哥给我的圣诞节礼物。"

小男孩睁大了眼睛："你是说，这是你哥哥给的，而你不用花一角钱？"

保罗点点头。小男孩说："哇！我希望……"

保罗认为他知道小男孩希望的是什么，有一个这样的哥哥。

但小男孩说出的却是："我希望自己也能当这样的哥哥。"

保罗深受感动地看着这个男孩,然后他问:"要不要坐我的新车去兜风?"

小男孩惊喜万分地答应了。

逛了一会儿之后,小男孩转身向保罗说:"先生,能不能麻烦你把车开到我家前面?"

保罗微微一笑,他理解小男孩的想法:坐一辆大而漂亮的车子回家,在小朋友的面前是很神气的事。

但他又想错了。

"麻烦你停在两个台阶那里,等我一下好吗?"

小男孩跳下车,三步两步跑上台阶,进入屋内,不一会儿他出来了,并带着一个显然是他弟弟的小孩,这个小孩因患小儿麻痹症而跛着一只脚。他把弟弟安置在下边的台阶上,紧靠着坐下,然后指着保罗的车子说:

"看见了吗?就像我在楼上跟你讲的一样,很漂亮对不对?这是他哥哥送给他的圣诞节礼物,他不用花一角钱!将来有一天我也要送你一部和这一样的车子,这样你就可以看到我一直跟你讲的橱窗里那些好看的圣诞节礼物了。"

保罗的眼睛湿润了,他走下车子,将小弟弟抱到车子前排座位上,他的哥哥眼睛里闪着喜悦的光芒,也爬了上来。于是三人开始了一次令人难忘的假日之旅。

在这个圣诞节,保罗明白了一个道理:给予比接受更令人快乐。

付出比得到更令人快乐。每一个人都应该想着如何才能给别人更多的关爱,使别人生活得更幸福,只有这样自己才会感觉到真正的幸福,所以,我们活着就是要学会给予,勇于付出,因为爱是给予而不是索取。

1."爱经常会让人们的心灵颤动,因为我们太缺乏爱了。"读完这个故事后,你怎样理解这句话?

2."他的哥哥眼睛里闪着喜悦的光芒,也爬了上来。"这里面的"他"是指谁?

一个微笑鼓励，一次相知相助，如小草般朴实。但这点点滴滴却又是那样真实，能融入每个细胞，能注进每根骨髓，年岁淡不去，阴阳隔不断，改变着人的一生……

送你一枝草

雾打湿了我的双翼
可风却不容我再迟疑
岸啊,心爱的岸
昨天刚刚和你告别
今天你又在这里
明天我们将在
另一个纬度相遇

是一场风暴、一盏灯
把我们联系在一起
是一场风暴、另一盏灯
使我们再分东西
不怕天涯海角
岂在朝朝夕夕
你在我的航程上
我在你的视线里

# 有人送我一枝草

◆三毛

> 将信心和快乐传递给另一些人类。将一份感激的心,化作一声道谢,一句轻微的赞美,一个笑容,一种鼓励的眼神……送给似曾相识的面容,那些在生命中擦肩而过的人。

1971年的夏天,我在美国伊利诺斯州立大学。

不知是抵美的第几个长日了,我由一个应征事情的地方走回住处。那时候身上只剩下一点点生活费,居留是大问题,找事没有着落,前途的茫然将步子压得很慢,穿过校园时,头是低着的。

远远的草坪边半躺着一个金发的青年,好似十分注意地凝视着我。他看着我,我也知道,但没有抬头。他站起来了,仍在看我,他又蹲下去在草坪上拿了一样什么东西,于是这个人向我走来。

步子跨得那么大,轻轻地吹着他的口哨,不成腔调又愉快的曲子。

不认识走过来的人,没有停步。

一片影子挡住去路,那个吹着口哨的青年,把右手举得高高的,手上捏着一枝碧绿的青草,正向我微笑。

“来!给你——”他将小草当一样珍宝似的递上来。

我接住了,讶然地望着他,然后忍不住笑了起来。“对,微笑,就这个样子,嗯!快乐些……”他轻轻地说。

说完拍拍我的面颊,将我的头发很亲爱的弄弄乱。回神送过来一丝温柔的鼓励,又对我笑了笑。

然后,他双手插在口袋里,悠悠闲闲地走了。那是我到美国后第一次收到的礼物。

小草,保留了许多年才找不到了,连名字都没有法子知道,他的脸在回忆中也模糊了,可是直到现在,没有法子忘记他。

很多年过去了,常常觉得欠了这位陌生人一笔债,一笔可以归还的债:将信心和快乐传递给另一些人类。将一份感激的心,化作一声道谢,一句轻微的赞美,一个笑容,一种鼓励的眼神……送给似曾相识的面容,那些在生命中擦肩而过的人。

我喜爱生命,十分热爱它,只要生活中一些小事使我愉快,活下去的信念就更加热切,虽然是平凡的日子,活着仍是美妙的。这份能力,来自那枝小草的延伸,将这份债,不停地还下去,就是生存的快乐了。

我们总能在平凡的际遇中发现东西,那些让人终生难忘并充满感动的举动、神情,有时它能改变人的一生。

1.作者为什么如此珍惜那一枝草?

2.对于青年送给"我"小草时的神情、态度,文中只用了"珍宝似的"四个字来形容,你能据此具体想象一下青年当时的神情和态度吗?

3.反复阅读文章倒数第二自然段,体会作者的那种感受。


# 谢了,朋友

◆程静媛


与生俱来的东西并不只有孤独。


22岁那年,我带着对人性的悲悯,对自己的悲悯,茫然上路了。

过了黄河,穿越中原,又在烟雨迷蒙中游了西湖。西湖很美,从细雨中透出清丽、高雅的忧伤。我站在堤上,久久不能逃脱这种情调。

我披着一头黑发,脸色苍白,离满湖的欢笑非常遥远。他走过来,看着我,带来一阵缓缓的湖风,同时对我的沉默做出宽容的浅笑,我依然对周围活动的人们都感到麻木,不打算跳出固有的情绪。

"其实,跳下去也不一定不舒服。"他说。我转过头看了一眼,仍不想理会,只是心里很狂傲地笑了一下,我才不会犯傻呢!

"你跳下去,我还得救你,太戏剧化了。"他嬉笑着穷追不舍。我不得不认真地看看他了,一个不修边幅、脸色和我同样苍白的年轻人,不远处,摆着一幅相当破旧的画架。

我勉强笑笑,问了句:"画什么?"

他耸耸肩:"三年了,我站在这儿感慨万千,却没画出像样的东西。"听得出很深的自嘲。

"你想找什么?"

"不知道,所以注意到你。"

"怕我跳下去?"

"怕破坏了一幅有灵气的画。"

我感谢他的赞赏,笑笑说:"谢谢!"说得很由衷。

"也许你点化了我。"

我不理解地看看他。

"人才是这个生存空间真正的生灵,其实,你第一次转过头来时,我已经知道你'水性'很好,不会被'淹'的。"

"人们的相互关怀并不值得庆幸。"

"你很孤独?"他关切地看着我。

"孤独与生俱来。"

"可与生俱来的东西并不只有孤独。"

"我习惯了,或者说喜欢。"

"你可以喜欢,但不要习惯。"

我觉得他正一点一点地打倒我的孤傲,很想快点躲开,却又扔出一句:

"你呢?是喜欢还是习惯了感慨万端?"

"我很空虚。世间万物没有属于我的东西。"他坦诚的语言射出一种逼人的沉闷。

唯剩沉默。

等他画完一张速写递给我,我大大地惊诧于他的画笔的穿透力:画上的女孩孤傲、忧伤而又飘逸得让人不可捉摸。

小心防守的堡垒突然被冲击,很是恐慌,我匆匆地就要告辞。他在那张速写上草草地写了几笔,折了两折给我,像阳光一样灿烂地笑了笑。

我就这样告别西湖,坐上了南下的火车。如画的杭州真的远了,我才打开那张速写。画面边上写着:感到寒冷时,请来!

我骤然感到浓浓的暖意,又想起他说的:"与生俱来的东西并不只有孤独。"

我知道了还有人情的温馨。

谢了,朋友!

给一个孤独的人一点儿关怀,给一个消沉的人一点儿动力,给一个忧伤的人一点儿安慰,给一个寒冷的人一点儿温暖——这就是友情,当你拥有它的时候,你就感受到了人情的温馨。

1.文中的"我"带着怎样的情绪去游西湖?
2.你认为文中的"他"是一个什么样的人?
3.是什么原因让"我知道了还有人情的温馨"?

# 寄　人

◆贾宝泉

> 我愿做她和她一样的人的不动的坚屏,做她和她一样的人涉渡的舟楫。为了她们,流血,值得;牺牲,值得。

记得那是多年前暮秋的一天上午,我挤上火车,去秦皇岛市办一项公务。

"车上人很多,不会有空位子的。"看到车上站着许多跑买卖的农民,我审时度势,在心里对自己说,于是,我不再去做毫无意义的寻找,就靠着车门站着。"这也许是我的最佳位置?"我宽慰着自己,安然地闭上眼睛出神。

"叔叔,这边坐。"朦胧中,听到一个女孩儿的有些急促的叫声。开始我没有理会,因为人家是叫"叔叔",而"叔叔"并不是对我一个人的称呼。

接着,我觉得有人用手拉我,我感觉到,这是一双柔软而丰润的手。睁开眼睛,竟是一个学生模样的女孩子,大约十六七岁吧,正拉我坐下。她本是和另一个少女坐在一起的,因为我的入座,这个本该坐两个人的靠椅就显得很拥挤。

她主动向我介绍起自己来,闪着一双单纯而清澈的大眼睛,一双只映现过蓝天丽日,却不曾映现过迅雷怒电的大眼睛:她在北京的叔叔那里读高中,因为北京的中学升学率高。几天前,她家的房子被暴雨冲刷,快要倒塌了,得马上修葺,这样,她就带着叔叔攒下的钱走上了归家的旅程。她的父母正等着她哩!接着,她又主动向我问话:到哪里去?做什么事?喜不喜欢读诗?对这些我有的照实回答了,有的则绕了弯子,因为我是成人,成人的经验提醒我,与不了解的人谈话不能太随便。她似乎并没有觉察出来,依旧问这问那,依旧说着她的父母。她像一个初生的婴儿,一派纯真地探寻着这个美丽而多艰的世界。从她的言谈举止我感觉到,她未必涉世很深。

……说不清过了多少时间,我觉得肩上被什么挤了一下。我睁开眼睛,发现是这位少女睡着了,她的头正好靠在我的肩上。我怕两个人这种姿势有碍观瞻,就把

34

身子向外移了移,可她的身子也跟着倒了过来。她已经睡熟了,已经无力保护自己了,已经无力支撑起自己的身体了。她多么需要一面坚定不动的屏障啊!这时候,我看了她一眼,这瞬时的一瞥,竟使我惊悸了一下。她是多么美丽啊!说实话,我还没有在这么近的距离上打量一位绝顶美丽的少女。她指甲剪得很短,丝毫无泥垢,橡皮筋扎的两只小辫子,像两把小炊帚向天上撅着,也许是太爱清洁的缘故,发梢都洗得发黄了。她的额上沁出极细的汗珠,挂在细而密的绒毛上,随着列车的震动而轻轻摇着,一身朴素而合体的衣服,散发着青春少女的温馨。生命是多么美好啊!有这么个小妹该是多么美好啊!健美的青春给人多么不可思议的力量啊!于是,我感到一种生命流动的欢悦,一种无可名状的大欢喜,仿佛"文革"中被磨损殆尽的青春,因为这瞬时的一瞥又回到了自己身上。我的身子不再移动,我不愿因为自己的移动而惊醒一个涉世未深的少女的好梦,而梦中多半是美丽的。她也许梦见因她及时送回了钱而使老屋完好依旧,土墙上挂着她与父母的合影像还在,屋檐下的一串红辣椒正预告着农家热烈火爆的日子;她也许梦见自己走在一条看不见尽头的戈壁小路上,空中是漫漫黄沙列成的阵云,地上是在狂风中抖索的零落孤独的骆驼刺,她干渴疲累得倒下去,恰好一座绿色的山脉拱出了地面,托起了她,她又看到了儿时的村野,在那片印满小脚丫痕迹的热土上,一树树石榴花,点燃了唱着欢歌的小河溪——如果我动一下,她会做噩梦的,她会在梦中惊叫起来的。小妹妹,睡吧,我是你的兄长呢!至于别人看见你枕着我的肩头入睡怎么想,怎么说,管他呢!卑琐的人看什么都卑琐。

从此,我仿佛觉得自己家中又多了一个亲人,一个分手即永别,却又无处不在的可爱的小妹妹;同时,我也仿佛又多了一种责任,一种作为大哥哥的责任。"当一个柔弱的肩膀靠来的时候,你不要动。"我的心这样对我说,当我产生这个想法之后,我忽然欣喜难按了,我发现了久藏于心中的道德律,和生命中某些发射光华的东西。我想,只要这种灵性不混,就能与世上善良、正直的心灵相通。

我愿做她和她一样的人的不动的坚屏,做她和她一样的人涉渡的舟楫。为了她们,流血,值得;牺牲,值得。在弥留之际,如果她们问我对这个世界还有什么话要说,我将这样回答:希望她们朝我倒下去的地方看一眼。

心灵体验　　　这是生活中常见的事,但作者用一颗敏感的心去感受、去体味,并由此联想、发挥,将一件普通的事写得情意浓浓,十分感人。

1.这篇散文哪一部分最好?好在哪里?
2.虚实结合是本文的一大特点,试作具体分析。
3.文中的女孩儿是怎样的一个人?

# 寻 人 启 事

◆沙益薇

生活中有一种情愫时常能拨动人的心弦,时
常能让人心潮起伏,这种情愫就是感动。

我要找一个叫大海的人。

上一个周二的晚上,我正在听张信哲的那首《蓝色的忧郁》,传来了敲门声。楼道的灯坏了,看不清什么人,但是通常到我这儿来的除了几个学生家长再没有别的人,所以我开了门。门开以后,一个高高壮壮的小伙子站在我面前,手里捧着一个东西,吓了我一跳。"你是小雪吧,我是大海。我马上要去外地办个案子,你这儿又没有电话,刘姨怕你等不到我们会着急,给了我你的地址,让我先来跟你解释一下。"他的话我听得莫名其妙,但这时我看清了他手上捧的是一盆菊花,一盆纤弱的打了几个花苞的黄色菊花。

那个自称叫大海的人把那盆菊花递到我手上,"时间太仓促了,只给你带了这盆菊花,不太好。"借着屋内透出的灯光,我看到他脸上歉意的笑容,"周四我就回来,到时我再跟刘姨一起来。"他盯着我看了看,"你跟刘姨说的不一样,跟我想的也不一样。"他又笑了,"我走了,单位的车在等我。"我看到他往上指了指,"下一次我帮你换盏灯,这样下楼不安全。"下到半层楼的时候,他又停下来,"一个人的时候,最好不要听这么伤感的歌。"

那个叫大海的人下楼走了。我捧着那盆菊花站在黑暗里,风吹在脸上,有点凉。我突然意识到,我忘了告诉他,我不叫小雪。

我继续听我的《蓝色的忧郁》。两年前,我在另一个城市里生活,有一份自己很喜欢的职业,有一个刻骨铭心爱着的人。但是,最后,我主动地离开了他,假如爱会变成伤害,那我没有勇气让它伤害另外一个善良女人。为了能彻底地忘记他,我来到了现在的这座小城,《蓝色的忧郁》是我带到这儿的唯一东西。

两天后,周四,就是那个叫大海的人该回来的晚上,天突然变了,风大,雨大。

我躺在床上,想象着他和那个刘姨见面后的情景,肯定很好笑。

但是,夜里,我被呼啸的风声惊醒,突然发现,楼道的灯亮了。

我起床,打开门,楼道里空无一人。

天亮的时候,风和雨都停了下来,气温比前一天降了许多。

两年来,我像一只受伤的兔子,躲在自己的窝里,孤独地舔着伤口。我想,就让岁月的铁锤来锻打这颗心吧,总有一天它会冰冷如铁,坚硬如钢。但是那一会儿我突然觉得心中有一股暖暖的东西涌上来。我问我自己,是否被感动了,为那个粗心的敲错门的人,为那个在风雨的夜里为我换一盏灯的人。

以后的几天,我一直想着那个在黑夜中离去的背影,想着拥有这样一份感情的人能否无怨也无悔。最后,我收起了那盘《蓝色的忧郁》,我想我得自己从两年前走出来。

但是那个叫大海的人再也没有出现。

我一直以为上帝已书写好了每一个人的命运,人们面对欢笑和绝望是同样的无奈和无助。但是这一次我不信,我不相信我和这个人的相遇只是上帝的又一次笔误。

所以,今夜我写下这段文字,权且当作一则寻人启事吧,替我寻找那个叫大海的人。假如你们认识他,请转告他,就说那盆菊花,比他送我时开得艳了。

心灵体验　　生活中有一种情愫时常能拨动人的心弦,时常能让人心潮起伏,这种情愫就是感动。而本文带给我们的感动是大海的细心与责任感。但愿每一个人都能遇到自己生活中的大海。

放飞思维　　1.“金风玉露一相逢,便胜却人间无数”,你能从文章中找出对这句古词新的注释吗?

2.“大海”明知菊花送错了人,但他还是悄无声息地替别人换装好楼道里熄灭的灯。这种无私的友爱给人带来了无限的光明,你以为是这样吗?

# 守门老人

◆姜德明

此刻，我分明还记得，当他举手行礼的时候，
在他红色上衣的衣胸前，还佩戴着那枚金色的天
安门纪念章……

有些事情是在隔了一段时间以后，才显出它的意义并让人失悔于当时的漫不
经心。

今夜，当我偶然收拾东西，发现一年多以前在拉瓦尔品第拍的一张洲际旅馆
的照片时，我便产生了这样的感觉，因为一看到这华丽的大饭店的外景，我便想到
那位守门老人。我想再一次看看那位老人的面容。可惜照片上他的身影太小了。我
真后悔当时只顾了取景，为什么不专为老人拍一张近照呢？

在巴基斯坦各大城市的洲际旅馆，守门人都是长须白发的老人，他们一式穿
着英国古代宫廷卫士的军服。红色的呢料上装，胸前一排横扣，雪白的紧腿裤子，
头上还用布缠成高高的"缠头"，乍一看，似乎显得还很威严。但是，不管怎么说，当
年宫廷武士们的威严气派早已逝去。他们的装扮只是为了给外国客人增加一些异
国情趣，同时也标志了他们职业的卑微。因为不论是袒胸露臂的西方旅游者，还是
穿着讲究的日本商人，他们都是过分谦恭地为人们打开门，收一点小费，然后鞠
躬，说一声："谢谢，先生！"

刚到这里的那天夜里，我们便看到旅馆门前有这样一位古代卫士服装的守门
老人，但是忙乱中不及多注意他。使馆的同志们深夜离去的时候，嘱咐我们说到了
这儿就要入乡随俗，每天都要预备一点零钱，去餐厅吃饭，到柜台取房间的钥匙，
还有汽车司机和守门人，都要给一点小费。尽管我们很不习惯，还是照办了。

第二天清早，我们到院内的花坪前去散步，又看到昨夜那位守门老人。这是一
位看上去很魁梧的老人。特别是他那银色的胡须和脸上深深的皱纹，再加上那鲜
红的上衣的衬托，给人一种感觉，好像这是一个从古典油画里走出来的人物。

他为我们轻轻地拉开了门，并且冲着我们微笑地说："早晨好，先生！"接着又
拍了拍自己的胸脯，那机灵的眼神似乎示意我们朝他的胸前看……啊，明白了，他
的胸前不是挂着一枚闪闪发光的天安门纪念章吗？

我真不知道在这样的场合，该怎样把早已准备好的小费塞给他，这显得多么
不协调啊！但是，我终于很不自然地把几张地拉尔塞到他的手中。他好像没有感觉

似的接了过去,说了一声"谢谢",并告诉我他胸前的纪念章,是前几年一个中国代表团的先生送给他的。他说中国是巴基斯坦人民真正的朋友,所以每逢中国朋友到来的时候,他都要找出来佩戴在胸前,直到中国朋友离开这个城市。

听了老人的这一段话,同志们不由得都走过来同他亲切地握手,看得出,老人高兴极了。只有这个时候,才显示出他那慈祥而纯朴的笑容,流露出一位诚实的主人欢迎远方来客的真挚感情。这同他接过其他外国客人的小费,低着头说一声"谢谢"的神情有多少不同啊!

拉瓦尔品第的洲际旅馆像巴基斯坦别的城市的洲际旅馆一样,在进门的过道和大厅里照例都有宽敞的厅,还有古玩和工艺美术品售货部、书报画片摊,以及"巴航"和日本、法国等航空公司的营业处。有时从落地式大玻璃窗外,可以看到西方游客正与"日航"营业处的日本小姐相对而坐。她正在紧张地拨弄电话订票,客人不必出旅馆便可以买到飞往世界各地的飞机票。据说美国在全世界几十个国家经营的洲际旅馆,其布局大体如此,连家具和用品(如香皂、浴巾和擦皮鞋的绒布)都保持统一,使旅客走遍世界都有宾至如归之感。

每天,当我们快要出发时,大家都愿意提前下楼来,在这休息大厅里坐一会儿,或是浏览一下那五光十色的书刊画报。每当我们下楼来,那位守门老人老远就向我们打招呼:"早晨好,先生!"大厅里有那么多客人,我们确实发现他每次只是同我们这几个中国人特别亲热,也许,如果他向那些西方阔佬和贵妇人打招呼,就会被认为是失礼吧,可是我们却感到这友情的温暖。

有时汽车一时还没开到大门前,老人怕耽误了我们出发,他就不顾一切地离开了自己的岗位,跑下台阶,站在院内高高地扬起了双手,向远处击掌和呼叫,替我们去呼唤司机。我们知道这时候他宁肯对别的外国人怠慢,也要为我们尽一点力。显然,这种情谊是用小费所买不到的。

有一天清早,我刚刚醒来,天色还有点发蓝,我轻轻地拉开了一点窗帘,望着街上稀少的行人,以及一辆空空的正在街头兜揽生意的马车。院内只有一个十多岁的少年提着一个水桶在擦洗汽车。那孩子穿着一双比他的脚要大得多的破皮鞋,从他那瘦小的身材看,可以断定他是一个营养不良的少年。他默默地劳动着,我想,他一定得赶在天大亮以前就把汽车擦完,因为在这样堂皇的大饭店里,怎么能让客人看到这样饥饿的孩子呢?突然,我看到守门老人提着书包从外面进来了。这是我第一次见到他未曾装扮过的平常打扮,他穿着一件深褐色的破旧的西装,头发几乎脱落尽了,我竟觉得他走路蹒跚,简直有点衰老的样子,往常那种古代卫士的神气劲儿全都不见了。他默默地朝那个擦洗汽车的少年走去,然后从书包里掏出一点什么,那少年接过去便放在嘴里吃了起来。楼房实在太高,我看不清那是一块面包呢,还是巴基斯坦人爱吃的那种面制品——馕(就像中国的发面饼)。我更不知道老人是否每天都给这少年带来一块充饥的东西,总之,这是一个使我很难忘记的场面,同时也使我增加了对守门老人的尊敬。

这天早晨,我们下楼来又要开始一天的参观访问了。老人已经扮成古代的卫士,故意挺起了胸,谦恭地履行他的职责。我在想,难道他真的喜爱那套殖民主义者留下来的古代服饰?难道他挺起胸来炫耀他当年的威武吗?当我感谢他为我们打开了门,并顺手递给他小费的时候,出于一种复杂的感情,我紧紧地握住了他的手,许久也不想放开。我想,他是感觉到了我今天的异常。他用稍带诧异的眼睛呆呆地望着我……然而,他怎么会知道,今天清晨我从楼上窗帘的缝隙中,已经看到他那善良的行为呢?

在巴基斯坦访问期间,我们看到许多部门都有这样束装的守卫和侍者。有一次在伊斯兰堡,一位老年侍者,小心翼翼地为我们端来咖啡,他那长满了粗筋的颤抖的手,托着一个银盘,盘里的杯碟汤匙由于他颤抖的手而发出有节奏的撞击声,清晰地送到我的耳边,这是我有生以来第一次听到这样能颤动人心弦的声音。望着这位诚惶诚恐的老年侍者,我猜想他一定会感到这声音使他多么难堪,他一定想努力制止住那颤抖的声音,我尽力表现出好像什么也没有听到,借以减轻他的不安。但是这声音又是如此强烈地打动了我的心。

如果时间许可,我真想同老人们谈一谈,我多么想知道他们各自的经历和现在的生活啊,可惜我们就要离开巴基斯坦了。

临别拉瓦尔品第的那天夜里,我们先把行李都运到了楼下,齐集在旅馆的大厅里。老人知道我们要走了,他破例地把大门敞开,等候我们出去。这样,他就不顾进进出出的其他旅客了,不知因此要少收多少小费。他抢着为我们运送行李,小心地帮助我们把箱子放进汽车后的车厢里。我们每个同志都同他握手道别,当我依依惜别地塞给老人最后一次小费时,他除了用低沉的声音说了一声"谢谢"之外,又喃喃自语地说:"中国、巴基斯坦!巴基斯坦、中国!……"

汽车开动的时候,我们的守门老人突然像一位军人似的做出了姿势。他把右手高高地举在额前,为我们行了注目礼。那神态是极其严肃的,就好像这是在举行什么大典,又像是四处已经响起了雄壮的军乐声……他一辆车一辆车地目送着我们,那种纯朴的劲儿深深地感动了我。我坐在最后一辆车子里,当车子闪过他眼前的时候,我从车窗里向他挥手。他仍然一动不动地向着车子举手致礼,甚至当我回头望着他时,他依然呆呆地直立在那儿,甚至忘记了放下行礼的手。此刻,我分明还记得,当他举手行礼的时候,在他红色上衣的衣胸前,还佩戴着那枚金色的天安门纪念章……

我是多么失悔啊,那时为什么不给他拍一张近照呢?

心灵体验

这是一位对中国充满感情的守门老人。他的笑容,他的行为,无不充满对中国人、对中国的深情厚谊。愿中巴两国人民的友谊万古长青!

放飞思维

1.作者在文中反复表示失悔,他为什么失悔呢?
2.那枚天安门纪念章象征着什么?

# 只是因为……

◆[美]辛蒂·维斯

我永远都不会忘记同事们收到"只是因为"花束和卡片的特殊礼物时脸上所泛的笑容,没有一件事能比得上他们回馈给我的和善与喜悦使我更感欣慰。

几年前,我在医院住了一个月。在我住院的那段时间,我的同事为我分担所有的工作,不时来探望我,且送我花及卡片鼓励我早点儿康复。而当我出院回到公司上班时,更是受到他们热情的欢迎,当我复查时他们也依然很热心地帮助我。他们对我这么好,我决定要好好地谢谢他们,以表达我的感激。

一天中餐的时候,我拜会我最喜欢的花店老板并买了她摆在橱窗里的一束美丽的花。我要她帮我送给我住院时特别关照我的一位同事,且在卡片上写着"只是因为",却不署名,并请求花店老板为我保守秘密。

当我精心安排的花送达时,我同事的脸上看起来容光焕发。那天下午办公室里更是显得兴奋异常,每个人都很好奇她的爱慕者是谁,而只有我独自在一旁很开心。

隔天中餐时,我又安排送给另一位很和蔼可亲的同事一束花,并且一样只在卡片上留下"只是因为"几个字。而第三天,我继续如法炮制地送第三束花给另一位同事。

谁能想得到一束花所带来的魔力啊!我制造的迷雾让我的同事纷纷打电话向

花店询问送花者是何许人也，他们都想知道那位不留名的爱慕者到底是何方神圣。但是，花店的老板是那么的贴心，竟没有透露半点口儿风。

一种奇妙的气氛笼罩着办公室，整个部门的人都想尽办法想要揭开谜底。我的同事每天都在猜今天谁会收到花，而且都会对那天的幸运者投以注意及羡慕的眼光。也因为送花竟能带给办公室这么多的温情及快乐，让我欲罢不能。偶尔间，我听到一位男同事说："男人不喜欢花——真庆幸我没有收到任何一束花。"

隔天，我的那位男同事便收到了一束同样写有"只是因为"的卡片及花，而当此事发生时，他的脸上因荣耀感而胀得鼓鼓的，他衬衫的扣子几乎都快被他撑破了。

送花的行为继续让办公室充满快乐的气氛。每一天同事都在等待着我安排送来的花，且挑选下一位收到"只是因为"卡片的接收者，而送花小姐也和他们一样，每天都很想知道下一位幸运者是谁。每天中午过后，我的同事都等着接花店打来的电话，通知他们谁是今天幸运的收花人。

随着弥漫在我们部门的欢乐及好奇也散播到了其他的部门时，喜悦满溢了我的心，因为"只是因为"所带来的喜悦，让所有的人都感受到了快乐和被爱，而这件事持续了三个礼拜。

最后一次的"只是因为"的花束被送到一个全体员工的会议上，我写上了对部门里的每一位同事的致谢，也揭发了那位只写"只是因为"的爱慕者的谜底。彼此关爱和关心的感觉一直在我们的部门发酵了好一阵子。我永远都不会忘记同事们收到"只是因为"花束和卡片的特殊礼物时脸上所泛的笑容，没有一件事能比得上他们回馈给我的和善与喜悦使我更感欣慰。

文题"只是因为……"含蓄、隽永。作者在行文中向我们讲述着一个温馨的话题：同事之间的关爱和关心是多么的重要，它会让我们感觉到生活是那样的美好。

1.为什么一束花会有那么大的魔力呢？你认为主要原因是什么？

2.你认为"只是因为"后面的省略号写上什么内容最为合适？

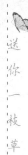

# 我的老外邻居

◆[法]格拉斯

> 你不能采摘邻居伸到你院子中的树枝的果实,因为这些果实属于它的主人所有。但你有权利剪掉伸到你院子中的树枝,因为树枝侵犯了你的领空。

住在国外的时间长了,便会设法融入当地的生活,此话说起来容易,做起来可就难了。我那时在新西兰读书,租房很便宜,作为一种投资,我还买了一幢房子。但是,跟邻居的交往仅限于见面打招呼。我也尝试着跟邻居们更亲密些,但我的英语说不好,又缺乏交流的时间。

邻居们很友善。隔壁住着一对青年夫妻,有两个可爱的胖孩子。大的是个女孩,长着金色的头发、碧蓝的眼睛。有天早晨,她敲我的门,问我要不要买她做的手工,一只叠起来的鸟,大约是幼儿园老师教的。我笑着接过来,给了她5角钱。过了一会儿,又有人敲门,小男孩也来了,他大约两岁,手里举着同样一只鸟。我抱起他,问他是否愿意把他的手工卖给我,小男孩使劲点头,我也给了他5角钱。我正在跟小男孩玩,他的妈妈过来了,为她的孩子打扰了我而道歉。我告诉她没有关系,我喜欢孩子。

过了几天,她端了一盘自己烤的蛋糕送给我,非常可口。我忙向她请教烤制方法,她给了我一张配方。

又过了几天,她家扩建房子,拆下来不少旧木头,她问我是否想要这些木头作柴烧。我答应了,没想到这是件苦差事,我不知道怎样对付这堆木头,后来,只得求救于我的一个中国同学理查。他买了一把电锯,花了整整两天的时间对付那些木头。过后,理查对我抱怨道:"买电锯的钱用来买真正的壁炉用木,可以烧上好几个冬天呢,还不算你雇我两天的工钱。"

有一个可爱的邻居的确令人心情愉快,但如果由此认为所有的邻居都很可爱,那也有点儿自作多情。

我的院子有一侧是一堵风景树墙,我一直以为那些树属于我,直到有一天,我看到一个老头在锯那些树,觉得很惊奇,我问那老头儿:"我一直不知道这些树是属于谁的?"

"是我种的。准确地说,是属于你和我的,它长到你院子的那一部分是属于你的。"

"我也有权利锯掉它吗？"我问。

"当然，如果你乐意的话。"

老实说，我一直非常喜欢那堵风景树墙，它们有一人多高，看上去比木栅栏威风多了，小偷多半翻不过来。但是，既然我有权利锯掉一些，我不使用一下这些权利，似乎有点儿吃亏的感觉。于是，我打算把这道墙削得薄一些及稍低一些，具体行动由理查来执行。

理查很乐意他的电锯又有用武之地，他在那一堵高大肥厚的植物上费了不少劲儿，把它们削成了一堵看上去很秀气的植物墙。

清理落下的树枝和树叶的工作让人厌倦。最后，只得请清洁公司来清理树枝，付账的时候，我终于体会到了策划失败的沮丧感。

两天之后，我的信箱里有一份账单，是我的邻居老头儿寄来的。我挺奇怪，清洁公司的账单我已经付过了，怎么会劳驾我的邻居寄给我。再过几天，法院寄给我一张传票，见是我的邻居老头儿把我给告了，我惊讶得不知该如何是好。这个该死的老头儿，每天见面还打招呼呢，居然告我，真有点笑面虎的风格。

自信心令我上法庭的勇气大大地增强了，我实在猜不透我怎么把老头儿给得罪了，砍他的树是在他的许可之下，他不会翻脸不认账吧。

到了开庭那天，我如约来到调解庭。巧的是，在门口又碰到老头儿，他依然彬彬有礼地跟我打着招呼。

我跟老头儿分坐左右两侧，上首是调解员，下首是翻译。至此我才算弄明白自己触犯了法律的哪章哪条。

关于邻里之间的法律条款是这样写的：你不能采摘邻居伸到你院子中的树枝的果实，因为这些果实属于它的主人所有。但你有权利剪掉伸到你院子中的树枝，因为树枝侵犯了你的领空。这些剪下的树枝(包括它的果实)属于你。你必须负责清扫你剪树枝时掉落在邻居院子里的树枝和树叶，或者付清理这些东西的费用。

这款可爱的法律令我呆了半晌，然后不由自主地笑出声来。

我非常愉快地付清了费用，学到了一项非常有用的知识。谢天谢地，诉讼费不算太多。

我不解地问老头儿："你为什么不告诉我，为什么要用这种方式，在法庭上？"

老头儿想了一下，说："我认为法官告诉你的事儿，你会更认真地对待。"

那倒是真的。

两个邻居,两种风格:一个友善,一个较真。作者在短短的一千多字的文章中能塑造出两个个性如此鲜明的人物实在难得。

 1．不同文化背景的邻居能够和睦相处的基础是什么?
2．那条可爱的法律条款充满了人情味。你怎样理解法律和人情的关系?

# 友 谊 之 旅

◆[美]史蒂夫·威利

我们明白自己不该开车时,都会把钥匙交给别人——至少我希望如此。但我的朋友克特是位盲人,他一生下来眼睛就看不见,而且在那天晚上以前,他从来没有坐过驾驶座。

克特和我的深厚友谊,是我希望每个人都能有幸经历的,所有所谓同伴的真正意义——信赖、关心、冒险,以及其他所有在我们仓促扰攘的一生中,友谊所能拥抱的事物,都在克特和我的深刻友情中具体展现。

我们的友谊开始于多年前。当时我们就读于不同的高中,是因为体育竞赛而认识的。我们对彼此的运动技巧都很欣赏。随着时间过去,我们成了最好的朋友。克特在我的婚礼上担任伴郎;几年后,他和我妹妹的室友结婚时,我也当他的伴郎;他还是我儿子尼可拉斯的教父。不过最能展现我们的交情、巩固我们友谊的那件事,发生至今已经超过25年,当时我们都才20岁出头,还是无忧无虑的年轻小伙子。

那次我和克特一起去参加一个当地"游泳球类俱乐部"举办的赌彩金比赛。克特赢得门票对号奖,获得一只美丽的新表。我们两人一面开着各种有关这次赌赛的玩笑,一面走向我们的车子,克特突然转身对我说:"史蒂夫,你刚才喝了几杯鸡尾酒,车子还是我来开好了。"起先我以为他在开玩笑,但我们两个比起来,克特一向比较聪明,我还是尊重他清醒的判断。

"好主意!"我说着把钥匙递给他。

我在驾驶座旁边的椅子上坐定,克特也坐上驾驶座。他说:"我可要靠你帮忙了,因为我不大确定从这里到你家要怎么走。"

"没问题。"我说。

克特发动车子,我们顺利上路。车子照旧先颤动颠簸了一阵,不时还熄火,得重新发动。接下来的十里路,我指点方向——现在左转、慢下来、右边很快就到、加速等等。克特开车,走起来仿佛有百里长,不过重要的是,那天晚上我们平安到家。

10年后,克特在我的婚礼上述说我们的坚定友谊,同时透露那晚我们开车回家的故事,令四百位宾客的眼里全都充满了泪水。这个故事有什么稀奇呢?我们明白自己不该开车时,都会把钥匙交给别人——至少我希望如此。但我的朋友克特是位盲人,他一生下来眼睛就看不见,而且在那天晚上以前,他从来没有坐过驾驶座。

如今克特是纽约通用汽车公司的顶级主管,而我在全国各地旅行,教导业务员如何和客户培养长期稳固的情分与友谊。我们两人对彼此的信赖及甘为对方冒险的情谊,一直持续在我们的友谊之旅中,带来意义与喜悦。

 文章通过克特开车送"我"回家这件事记叙了"我"和"我"的盲朋友克特之间的深厚友谊。文章告诉读者友情的真正意义是信赖、关心、冒险。

 1.克特和史蒂夫的深厚友谊是怎样建立起来的?它又是建立在什么基础之上的?

2.从克特和史蒂夫的友谊中,你受到了哪些启发?

# 老　王

◆杨　绛

　　几年过去了，我渐渐明白：那是一个多吃多占的人对一个不幸者的愧怍。

　　我常坐老王的三轮车。他蹬，我坐，一路上我们说着闲话。

　　据老王自己讲：新中国成立后，北京蹬三轮的都组织起来；那时候他"脑袋慢"，"没绕过来"，"晚了一步"，就"进不去了"。他感叹自己"人老了，没用了"。老王常有失群落伍的惶恐，因为他是单干户。他靠着活命的只是一辆破旧的三轮车；有个哥哥死了，有两个侄儿"没出息"，此外就没什么亲人。

　　老王不仅老，他只有一只眼，另一只是"田螺眼"，瞎的。乘客不愿坐他的车，怕他看不清，撞了什么。有人说，这老光棍大约年轻时候不老实，害了什么恶病，瞎掉一只眼。他那只好眼也有病，天黑了就看不见。有一次，他撞在电杆上，撞得半面肿胀，又青又紫。那时候我们在干校，我女儿说他是夜盲症，给他吃了大瓶的鱼肝油，晚上就看得见了。他也许是从小营养不良而瞎了一眼，也许是得了恶病，反正同是不幸，而后者该是更深的不幸。

　　有一天傍晚，我们夫妇散步，经过一个荒僻的小胡同，看见一个破破落落的大院，里面有几间塌败的小屋；老王正蹬着他那辆三轮进大院去。后来我坐着老王的车和他闲聊的时候，问起那里是不是他的家。他说，住那儿多年了。

　　有一年夏天，老王给我们楼下人家送冰，愿意给我们家带送，车费减半。我们当然不要他减半收费。每天清晨，老王抱着冰上三楼，代我们放入冰箱。他送的冰比他前任送的大一倍，冰价相等。胡同口蹬三轮的我们大多熟识，老王是其中最老实的。他从没看透我们是好欺负的主顾，他大概压根儿没想到这点。

　　"文化大革命"开始，默存不知怎么的一条腿走不得路了。我代他请了假，烦老王送他上医院。我自己不敢乘三轮，挤公共汽车到医院门口等待。老王帮我把默存扶下车，却坚决不肯拿钱。他说："我送钱先生看病，不要钱。"我一定要给钱，他哑着嗓子悄悄问："你还有钱吗？"我笑说有钱，他拿了钱却还不大放心。

　　我们从干校回来，载客三轮都取缔了。老王只好把他那辆三轮改成运货的平板三轮。他并没有力气运送什么货物。幸亏有一位老先生愿把自己降格为"货"，让老王运送。老王欣然在三轮平板的周围装上半寸高的边缘，好像有了这半寸边缘，乘客就围住了不会掉落。我问老王凭这位主顾，是否能维持生活。他说可以凑合。

可是过些时老王病了,不知什么病,花钱吃了不知什么药,总不见好。开始几个月他还能扶病到我家来,以后只好托他同院的老李来代他传话了。

有一天,我在家听到打门,开门看见老王直僵僵地镶嵌在门框里。往常他坐在蹬三轮的座上,或抱着冰侧着身子进我家来,不显得那么高,也许他平时不那么瘦,也不那么直僵僵的。他面色死灰,两只眼上都结着一层翳,分不清哪一只瞎、哪一只不瞎。说得可笑些,他简直像棺材里倒出来的,就像我想象里的僵尸,骷髅上绷着一层枯黄的干皮,打上一棍就会散成一堆白骨。我吃惊地说:"啊呀,老王,你好些了吗?"

他"唔"了一声,直着脚往里走,对我伸出两手。他一手提着一个瓶子,一手提着一包东西。

我忙去接。瓶里是香油,包裹里是鸡蛋。我记不清是 10 个还是 20 个,因为在我记忆里多得数不完。我也记不起他是怎么说的,反正意思很明白,那是他送我们的。

我强笑说:"老王,这么新鲜的大鸡蛋,都给我们吃?"

他只说:"我不吃。"

我谢了他的好香油,谢了他的大鸡蛋,然后转身进屋去。他赶忙止住我说:"我不是要钱。"

我也赶忙解释:"我知道,我知道——不过你既然自己来了,就免得托人捎了。"

他也许觉得我这话有理,站着等我。

我把他包鸡蛋的一方灰不灰、蓝不蓝的方格子破布叠好还他。他一手拿着布,一手摸着钱,滞笨地转过身子。我忙去给他开了门,站在楼梯口,看他直着脚一级一级下楼去,直担心他半楼梯摔倒。等到听不见脚步声,我回屋才感到抱歉,没请他坐坐喝口茶水。可是我害怕得糊涂了,那直僵僵的身体好像不能坐,稍一弯曲就会散成一堆骨头。我不能想象他是怎么回家的。

过了十多天,我碰见老王同院的老李。我问:"老王怎么了? 好些没有?"

"早埋了。"

"呀,他什么时候……"

"什么时候死的? 就是到您那儿的明天。"

他还讲老王身上缠了多少尺全新的白布——因为老王是回民,埋在什么沟里。我也不懂,没多问。

我回家看着还没动用的那瓶香油和没吃完的鸡蛋,一再追忆老王和我对答的话,捉摸他是否知道我领受他的谢意。我想他是知道的。但不知为什么,每想起老王，总觉得心上不安。因为吃了他的香油和鸡蛋？因为他来表示感谢，我却拿钱去侮辱他？都不是。几年过去了，我渐渐明白：那是一个多吃多占的人对一个不幸者的愧怍。

和钱钟书先生的文章一样，杨绛先生的这篇散文，属于余光中先生所谓的"学者散文"一路，用笔清淡简洁，几个字几句话就勾勒出人物的面目和心理活动，而且字面越简练，思想却越深沉，耐人寻味。

1.在这篇文章的最后，杨绛写道："但不知为什么，每想起老王总觉得心上不安。因为吃了他的香油和鸡蛋？因为他表示感谢，我却拿钱去侮辱他？都不是。几年过去了，我渐渐明白：那是一个多吃多占的人对一个不幸者的愧怍。"作者何以愧怍？你能理解这份愧怍吗？

2.阅读钱钟书的《围城》及杨绛的《干校六记》，试说一说他们的风格特征。

# 一张汇款单

◆孙　光

> 我在那陌生都市的角落里呆坐了一天，但我没有后悔，虽然我的眼里写满了留恋。我知道，他们都比我更需要钱。

六年前的那个冬天，我们一行四人，踏上了南下的火车。四个人怀揣着同样的梦想，那就是——挣钱。

四个人兴奋而紧张，挤成一团，在冰冷的车厢里彼此温暖着。我们所说的每一句话，都跟即将开始的打工生活有关，跟蛋蛋远房的大伯有关。因为是他，为我们争取到了一个工厂最后的四个打工名额，他知道，我们是从小一块儿光着屁股长大的最最要好的朋友。

那告别贫瘠山村的路遥远而漫长，整整24个小时，我们都没有合一下眼，那

**49**

每月两百多块的工资，虽还遥不可及，却如兴奋剂一般撩拨着每个人的心。

终于到了，没有人关心那从没见过的车水马龙和高楼大厦。在蛋蛋大伯的引领下，我们来到那家工厂，没料想，我们听到的第一句话便是：四个招工名额只剩下了三个。这句话如晴天霹雳般在我们每个人的脑海中炸响，那就是说，我们四个人中必须有一个要打道回府，不容置疑。

蛋蛋第一个站出来，说，你们留下，我走。没人应声。蛋蛋他爹卧床多年，已是家徒四壁，蛋蛋需要挣钱给他爹看病抓药。大碗说，还是我走吧，我是弟兄四个当中的老大。还是没人应声。大碗的媳妇没奶，不能可怜了那嗷嗷待哺的娃娃。我说，我走，我没有负担。

我果真就走了，谁也没能留住我。我在那陌生都市的角落里呆坐了一天，但我没有后悔，虽然我的眼里写满了留恋。我知道，他们都比我更需要钱。

我又重新回到了那破落的山村，重新在那干裂的坷垃地里刨着全家人的希望。

转眼间到了过年，我回来也一月有余了，正在全家人为这年怎么过而犯愁的时候，我意外地收到了一张汇款单。在汇款单的附言栏里，写了这样一行歪歪扭扭的字：收下吧，这是我们三个凑的210元钱，算是你第一个月的工资。

那一刻，泪水在我的眼里打转。那一刻，我也明白，我收下的，也不仅仅是210元钱那样简单。

友情是件奇怪的东西，绝不因为你分给了别人而减少，有时你分给别人的越多，自己得到的也越多。读完此文，你心中应该有一种感动吧。

1."那一刻，我也明白，我收下的，也不仅仅是210元钱那样简单。"那么更深层的内涵是什么呢？

2.文题"一张汇款单"写满了友情、团结、信任、帮助，同时也填满了对未来生活的全部憧憬，你以为还有更好的题目更换吗？

# 名人也"啬皮"

◆张 敏

其实我也不想啬皮,几块钱多写篇文章也就够了。关键是在我眼里,两块钱不是两块钱,是白花花一堆盐!

20世纪80年代初的贾平凹,远没有今日的风采。

那时候的贾平凹,才走出校门,供职在一家出版社,当一名为别人作嫁衣的小编辑。住六楼上的一间6平方米的小房间,抽一毛多钱一包的劣质烟。一边和乡下的俊子谈恋爱,一边写那些轰动全国的文章。房间太小,又高高在上,他常为不能接触地气而苦恼,于是便商量搬到我家来住。

我家住在古城之北的方新村。那原是唐朝尚书省的西花园,李白醉草吓蛮书的地方。离他们出版社只有10分钟的自行车路,却是一片原野。小小的村落,只有数十户人家。榆钱才败槐花又开,东家鸡叫西家狗吠,便很得他的意趣。因为我乃本地土著,便也有了三分地皮,两间破房,关起大门,一院子都姓张,无旁姓杂人。

找些砖头支了腿儿,寻一块木板放上去,铺了他带来的被褥,房子的一角变成了他的天下。他告诉我老婆,他是不吃粮的,每顿饭多添一瓢水就足够他吃了。因为他只喝水而不吃粮,所以几年来从未收过他一两粮票,一分饭金。而那时的自来水又特别便宜,每月每人只收5分钱。他是临时住客,收水费也不收他的钱,这样里里外外,一份伙食费便省了下来。

那时候,一张方桌摆在我和他的床铺中间。星期日大早,各自在两边坐了,铺开稿纸,说声写,便同时下笔。笔和纸在不停地摩擦中,常发出一种蚕吃桑叶的声音。七八个小时下来,通常是我问一声:"我快结尾了,你呢?"他便说:"我也结尾。"于是一篇万把字的小说便同时结了尾。那时的我们,好不洋洋得意,好不目空一切。我那时在工厂当工人,一礼拜只有礼拜天属于自己,一天能写出一篇小说来,已相当嚣张了。七八个小时的重脑力劳动,手指僵硬了,半个身子也有些麻木,该好好歇息一下了。这时的贾平凹却又在嘿嘿的笑声中铺开稿纸说:"我又开始了。"贾平凹后来声名远播,其神秘处全在这里。像他这样玩命的角色太少了。他要不成大名,也就天理不容了。

他作品发得多,稿费自然也比我多。每一笔稿费对于我,我认为就是街上拾来的钱,没有摊任何本钱嘛,花了工夫,贴了脑子,就和下了一天棋一样,难道能算成本钱吗?记得《天池泪》寄来稿费80元,从邮局出来买了半只羊,弄了几瓶酒,交到老婆手上也就剩下30元了。他的《满月儿》稿费是83元,那是他当时短篇里稿费最高的一篇。他惊喜地说,一篇稿子顶一个半月的工资哩!我和他一同去北大街青年路邮局取稿费。83元取出来了,他却一定要存个整数。我说你存上50元,33元拿出来庆祝一下行吗?他说,存够100元就是最大的庆贺。他那时候准备结婚,每一分钱都很重要。于是,我俩掏遍了身上所有的口袋,只凑够了15元。他央求存款的办事小姐,能不能把98元的利息先算进去存够100元。到时候少取点儿利息就行了,小姐鼻子里像害了鼻炎似的嘶嘶了两声,平凹便回过头来低声骂了一句。于是他便再翻口袋,终于在工作证里翻出来了2元零3分钱的邮票。他把邮票推到小姐面前,极其大方地说:"3分钱零头不要了,存100整!"

小说一篇篇写,稿费一次次来,几年下来,他已经有厚厚的一摞支票了。那些支票整整齐齐地叠在一起,用皮筋扎起,放在一个注射药剂的空纸盒里,锁在抽斗的最里面。那是他全部的财产,加起来也不到3000元。

那年夏天,有位朋友有一台9英寸的黑白电视机出手,要400元。我手头只有不到200元,于是便第一次开口向贾平凹借钱。他听我借钱要买电视机,大吃一惊:"你想买电视机!那是咱老百姓也可以买的东西?"我既然开了口,开弓没有回头箭,这点面子他总要给的。他显得非常为难,说了一堆谁谁谁来借钱,谁谁谁借了钱到现在也没有还的话。我说我不管,反正我要借钱:"不给利息,100天保证还账,赖一天罚5元,你可以扣我的稿费单子。"

他沉吟良久,觉得不借给我似乎也下不来台。于是心生一计,说借钱可以,但要苍天作证,凭运气说话。他拿了件蓝色的上衣,捂在抽斗上,让我伸进手去,就像在暗箱里装胶卷那样,只准摸一张支票出来。摸多少就是多少,不够了自己再想办法。

他这一招很厉害,他那支票里,百元以上的没有几张,有许多张都是二三十元的。只准摸一张,摸上一张20元的,又不顶用,又要领情。但我也知道他有一张最大的是700元。那是《山地笔记》出集子的钱。这已经是贾平凹给足了面子,我也只好听天由命了。

手从蓝衣服下面伸进抽斗,摸着了盒子里的那一摞支票。手指头上没有长眼睛,实在分辨不出支票上的钱数。贾平凹站在旁边,抽一支烟得意地说:"摸呀,过3分钟摸不出来,宣布协议作废,可别说我不借钱给你!"

以我和他的熟悉程度,我相信这些支票在金额的排列上不可能没有规律。他是个极有心计的人,点这些支票肯定是他的业余爱好。于是我便想到乡下的俊子这几天要来,到时候他肯定要把支票拿给她看,他要让她有个惊喜:哇,这么多钱!

那就是说,最上边的一张极有可能是金额最大的一张。于是我便抽了最上面的一张。果真不假,是那张700元的支票。

贾平凹傻眼了,我得意了。

又一夜,作家王作人在我家闲坐。那时候贾平凹已结婚,带着女儿和俊子住在我家隔壁,是租农民的房子。午夜时分,王作人告辞,路过贾平凹院门,顺便进去问他一声。俊子正在院里洗衣服,问贾平凹时她说在床上打滚呢,肚子疼。隔着窗子一瞧,贾平凹赤条条穿个小裤衩,大虾一样躬在床上。还不赶快送医院?俊子说,半夜三更的,又没有救护车。我和老王都急了,说要什么救护车呀,靠在墙上的架子车就是救护车!于是便抬了平凹出来放在架子车上,一人拉一人推,俊子推着老王的自行车在后边跟着,走了一个小时,来到中心医院。

医生诊断为消化不良加感冒,打了一针柴胡,便让我们拉着他回家了,出了北门,已是凌晨3点多了。天热,路旁的瓜摊上还有生意。我便让平凹请客。拉了半夜车,一定要买个西瓜酬劳一下。平凹在口袋里摸了半天,只摸出2元钱一张币来说,那就买个小点儿的吧,我把钱扔在瓜摊上说,买2块钱的西瓜!那时西瓜5分钱1斤,2块钱能买40斤。卖瓜人挑了两个最大的瓜搬到架子车上。贾平凹怀里搂一个,双腿夹一个,一路上直嘟囔,嫌瓜买得多了。回到家后,两个西瓜都有些烫手。杀开一看,全是生的。他的病却好了。原来是那西瓜吸了他身上的热度的缘故。贾平凹说,早知道买两个西瓜搂一搂,倒能省去打针挂号的钱。如果瓜再是熟的,那就更好了。

第二天早晨,我起床一看,贾平凹一个人趴在小学校操场上的水泥板上又写上了。我走到他身后,一把抽了他的笔说,你不要命了!折腾了半夜,病还没有全好,写什么写!

贾平凹那一时动了真情,两行清泪一下就滚了出来。这是我第一次见他流泪,心里便慌了,忙扶住他的肩膀摇着说:"留得青山在,不怕没柴烧!日月常在,你何必贪这一点儿工夫!"

贾平凹那天说了他这一辈子也许再也不会说的一段真话:"我是个山里娃,我凭啥在城里混日月?不就是凭一支笔吗?还要养家糊口,有老婆有孩子。我又吝啬,是有名的啬皮,如果不写文章,谁愿意和我交朋友?其实我也不想啬皮,几块钱多写篇文章也就够了。关键是在我眼里,两块钱不是两块钱,是白花花一堆盐!小时候,母亲让我去买盐,两块钱要缝到衬衣口袋里,到盐店让卖盐人拆线。两块钱的盐,是一大家子人好长时间的唯一调料,你今后要宰我,就硬宰。我当时心疼一下,过后也就认了,但不能超过5块钱!"

当今的贾平凹,早不是原先模样了,他成了当今中国文坛上少有的几个文学大腕之一。挣下的和省下的稿费怕这辈子早够花了。但青山依旧,本性难移。有外地朋友到西安会他,到了吃饭的当儿,他自然是要请朋友们吃顿饭了。通常,他只请朋友们去吃葫芦头泡馍。那饭经济实惠,极容易给客人留下记忆。饭菜端上桌子,他便问:"你们知道葫芦头是什么吗?"然后自己回答:"葫芦头就是猪痔疮!"

一语即出,四座皆惊。记忆里更深了一层,胃口却也倒了。于是便给主人省下不少钱。

人们大都只知道贾平凹的大红大紫,贾平凹的大胆与"刻薄",张敏则让我们尝试了贾平凹的"啬皮",看到了他"风光"后另外的一面。

这篇散文挥洒自如,韵味醇厚,深得传统文化滋养,又富有浓郁的乡土气息;人生的感受以调侃的笔调道来,令人拍案叫绝。

1.你怎样评价贾平凹的"啬皮"?

2.以前的中学课本曾选过贾平凹的散文《丑石》,引起了广泛的争议,知道争论的焦点是什么吗?

# 同　乡

◆梁实秋

> 说同一方言的人才是同乡,乡音是同乡之间最强有力的联系。

从前交通险阻,外出旅行是一件苦事。离乡背井,举目无亲,有无限的凄凉。所以,在水上漂泊的时候,百无聊赖,忽然听得有人在说自己的家乡话,一时抑不住心头的欢喜,会不揣冒昧地去搭讪,像崔颢《长干行》所说的——停船借相问,或恐是同乡。

说同一方言的人才是同乡,乡音是同乡之间最强有力的联系。

科举的时代,北平有所谓会馆者,尤其是宣武门外一带外省人士汇集的地区,会馆林立。进京赶考的人,多半就在会馆挂单,饮食住宿都有了着落,而且有老乡照料,自然亲切。会馆是前辈乡贤所捐助设立的,确有其需要。后来科举废除,社会形态改变,会馆就渐渐消失了。有名的江西会馆,规模宏大,常是堂会戏上演的地方。我知道宣武门外北椿树胡同的一所很逼仄的徽州绩溪会馆,一度掌管事务的人却是胡适之先生,胡先生的同乡观念十分浓厚,他家里常有一群群的徽州老乡用没别人能懂的徽州方言和他话旧。就是他来到台湾以后,我有一次到南港拜访,座上先有一位客人是老胡开文笔墨店的后人。在上海时胡先生曾邀几个朋友到二马路一家徽州菜馆小叙,刚一上楼就听见楼下一声吼叫,胡先生问:"楼下账房先生方才吼叫的话,你们懂吗?他喊的是:'绩溪老馆,多加油啊!'在炒菜锅里额外加一勺油,表示优待同乡。我们家乡贫苦,平素很少油吃。"随后端上来一盘划水鱼、一盘生炒蝴蝶面,果然油水不少,油漾到盘外。

我生长北平,说的是北平话,因此无需学习国语,附带着也没学习注音符号,一直到现在,ㄅㄆㄇㄈ(bpmf)还搞不太清楚。在清华读书时候,每年全国本部十八省考选学生入学,各说各省的方言,无形之中各省学生自成一个小组。唯独直隶省同乡最为散漫,我所认识的同乡大部分是天津人,真正的北平同乡只有两个,可是我不久就发现其中一位原来是满洲人,另一位是蒙古人。我的原籍是浙江,曾经正式向京兆大兴县公署申请入籍,承蒙批准在案。其实凡是会说地道北平话的人都可算是北平人。自从五胡入中原以来,北方民族混杂,北平又是几代的首都,人文荟萃,籍贯问题时常无从说起。能说国语的都是我们的同乡,因此我的同乡观念比较稀薄。在清华有一位同班同学,是中等科唯一的厦门人,他只会说厦门话,在高等科还有一位厦门人,偶然过来陪他聊聊天。他在学校里就像是单独拘禁,不堪寂寞,不久他就疯了。我了解,对于某些人同乡观念之难于消除是有理由的。

在异地遇同乡,是有一种不可抑制的喜悦。前年喜乐先生伉俪遇我,谈笑间才知道是北平同乡。我问:

"你在北平住哪儿?"

"黄土坑儿。"

"什锦花园儿,对不对?"

"对。您呢?"

"内务部街。"

"灯市口儿,对不对?"

越说越对,于是谈起关于北平的陈谷子烂芝麻,一说就没个完,好像是又回到家乡走一趟。我在台北坐计程车,只有一次发现司机是北平人;不,是司机先发现我是北平人。我告诉他我要到什么地方去,详加解释。他转过头频频看我,说:

"您是北平人吧?"

"是呀。"

"在北平住哪儿？"

"东四牌楼南边儿。"

"啊，我住北新桥儿，咱们住得很近嘛……"

于是一路谈下去，不觉得到了目的地。我说："零钱别找啦。"他望着我下车，许久许久才开车而去。

任何一个机关首长到任，总是要吸引几个同乡分担要职。人情之常，贤者不免。司印的，掌财的，管总务的都很重要，你难道要他放手交给陌生的不知底细的人去充当？无论如何，同乡总不至于像舅爷、连襟之类的裙带关系那样容易不理于人口。不过像美国卡特当政时，乔治亚帮之鸡犬升天，丑闻迭出，则又另当别论。大凡任何一个机关，若被人讥为会馆，总是不好看的。

林琴南《畏庐琐记》："闽人喜操土音，每燕集，一遇乡人，即喋喋不已。然他省人无一能解者，故恶闽人刺骨。实则闽音有与古音通者。今略举数条，如……"闽音之与古音通，是众所周知的，但是古音非今人所能尽通，故闽语之流行仍被视为现今方言之一种。林琴南先生所谓他省人恶闽人刺骨，我想他省人不是不知闽音常与古音通，也不是恶闽人之操闽语，只是因为自己听不懂而困扰、而烦恼、而猜疑、而愤怒。我知道从前某一机关有两位谊属同乡的干部，他们时常交头接耳呶呶不休，所操土音无人能解，于是引人注意，疑其所谈必与苞苴有关，其中必定有弊，人言可畏，结果是双双去职。大抵在第三者面前二人以土音土语交谈，至少是不智而且不礼貌的行为。

有人评梁氏散文多"十"字形结构，即古今中外，信笔拈来，纵横捭阖，交织成文。本文也具有这一特色，所写之事时空跨度大，原都互不相关，但经作者以"乡音"一串联，以淡墨一点染，便如行云流水，自然清雅，且文笔幽默，读来横生妙趣。

1. "乡音是同乡之间最强有力的联系"，作者在文中举了哪些例子来印证？你是否也有这样的感受？

2. 文章先以漂泊在外时的苦反衬什么？这样写有什么好处？

# 朋 友 如 月

◆薛海斌

那是一种快乐，

那是一种幸福。

朋友的笛声，会给我梳理零乱的思绪。

朋友的话语，能抚平我心灵的忧郁。

朋友的微笑，让我在穿越寒夜后感受到深刻的温暖。

那是一个驿站。

那是一个港湾。

## 一

火红的夕阳，一只被点燃的勒勒车的轮子。

树丛环绕的村庄，一缕炊烟升起。

农人扛着锄头，沿着田埂缓缓走向家园。

## 二

天际有星，地上有灯。

朋友的房子就在流溢着芳香的田园的那一端。

在意或不在意的时候，从田园的这一头望过去，忽然想起朋友，想起朋友一家人，亲切之感便油然而生。

对，去见朋友。

这样，我便朝着那盏橘红色的灯悠然走去，那灯光仿佛朋友的。

## 三

我的到来，总是让朋友一家人高兴，几天不见，好像我倒成了什么稀罕人。

朋友是君子，待人极好，又有兄长式的宽容，这倒应验了古人说的那句话：君子易处，小人难交。

# 四

话题不一定是从什么地方开始,谈论一本书,一个人或一个美妙的故事……

有高兴事,说给朋友听,他也高兴。

有不如意的事,说给朋友听,心绪就平静了许多。

这个时候,思想和语言的桎梏不复存在,仿佛春天奔放的溪水。

# 五

偶尔,也同朋友喝酒。

随便在院中放一只小桌,对面坐着,缓酌慢饮。

清风徐来,酒兴浮动。

兴之所至,朋友取来尘封已久的长笛,两人对饮一杯,长笛横,笛声即起。有名的曲子,没名的曲子,丝丝缕缕,汩汩而来。

我知道,那笛声是一种倾诉方式。笛声,是朋友的思想和心绪。

# 六

那是一种快乐,

那是一种幸福。

朋友的笛声,会给我梳理零乱的思绪。

朋友的话语,能抚平我心灵的忧郁。

朋友的微笑,让我在穿越寒夜后感受到深刻的温暖。

那是一个驿站。

那是一个港湾。

# 七

待幡然醒悟,已酒尽月出。

回去的路上,举头望月,月光如水,平静柔和地为我照亮黑夜里的世界。

心灵体验

朋友让"我"感到亲切,朋友让"我"体验宽容,朋友能梳理"我"零乱的思绪,朋友能抚平"我"心灵的忧郁,朋友是人生中的一个驿站——这就是朋友的内涵。

放飞思维

1．"举头望月，月光如水"，作者是单纯地写景吗？
2．找一个好朋友，找一段优美的音乐，然后俩人配合朗读这首散文诗。

# 友情——心灵之默契

◆陈敬容

　　　　将你的欢乐同幸福分给你不幸的友人，他们将会因你友情的慰藉而忘却自身的不幸；分给你幸福的友人，也只有增加共同的光辉。

永不枯竭的感情之泉源，深沉的心之默契，愉快的灵魂之交流……

友情啊，奉献你以最纯洁的花束。因你，一些美丽高尚的情操得以产生：亲爱、信赖、督促、互助和牺牲。美丽的赤子，人之子啊，面对着你这些瑰丽的礼物，你能不感奋？

当友情以如此澎湃的水流向你倾泻，你能不感到幸福吗？而这种倾泻又丝毫不倚仗血统、历史等等呆板的关系，它是自在地翱翔于任意角落的，当你自己的羽翼触碰到他物的羽翼时，即便发生一度铿锵的和鸣。

友情既是如此纯洁的德性，它便没有男女的界限。

我知道有些人时常高踞在自己的宝座上，时时向所有别的人们显示着骄矜的颜色。"你应该崇拜我""你应当爱我""你应当为我效劳"——这便是他们所想的。

友情绝对唾弃这类的自私和骄傲。它谦虚地向世界凝望，向人生凝望，永远在寻觅宝贵的启示。它从不需要盲目地崇拜，因为那往往给一个人造成危险的自满。它努力先去爱别人，然后从别人处收受爱。它给出所有它可能给出的宝贵东西。它快乐地甘心地给出，绝不在给予时奢求回报。回报自己会来。但这也并非按着"种瓜得瓜，种豆得豆"的一定程序。回报也许永远不来。但是给出吧，给出所有你可能给出的一切，而这种给予本身就是无比的快乐。

给出爱——亲切的真挚的友爱，给予你以为值得你敬仰，值得你同情，值得你帮助，或是值得你牺牲的人们。

**59**

漠视、怀疑、自私、怯懦……都是友情的障碍。

美丽的赤子，人之子啊，推倒那些障碍，践踏它们，在它们上面跳舞吧，踏过它们，在最青葱的友情的草原，将你纯洁的心灵赤裸裸地袒示。

于是宇宙热闹起来，人生繁荣起来，再没有"孤零"或"寂寞"侵蚀你蓬勃的生命。在你的悲哀中你有偕行者了，你的悲哀将变得温柔；在你的苦难中你有偕行者了，你的苦难就更为坚实了。

更为坚实！因此苦难只是一种挫折，而不能成为一种灾祸了。经由这些挫折，你的力量反而更为新鲜活泼。

而当你在欢乐之中，友情的偕行将更使得你的欢乐颜色绯红；在你的幸福中，友情的偕行更能令你的幸福灿烂光辉。

正如悲哀和痛苦有时需要向人诉说，欢乐同幸福也是一样。将你的欢乐同幸福分给你不幸的友人，他们将会因你友情的慰藉而忘却自身的不幸；分给你幸福的友人，也只有增加共同的光辉。

美丽的赤子，人之子啊，在沙漠中，在荒岛上，做友情的偕行者吧，你们将望见绿洲，望见碧岛了。在繁花照眼的春之园林，在佳果累累的秋之园林，你也做友情的偕行吧，那些花将飘落在你们的发际，那些果子将坠落到你们的脚边。

心灵体验

文章颂扬的是友情，友情能使一些高贵的情操产生，如亲爱、信赖、督促、互助和牺牲，"漠视、怀疑、自私、怯懦……都是友情的障碍"。友情是给予，因为有了友情，"宇宙热闹起来，人生繁荣起来"，人们更能勇敢地面对苦难了。珍惜友情吧！

放飞思维

1.除文中所指因友情还可以产生哪些美丽高尚的情操？

2.作者认为友情的偕行者将有美好的前景。他展望了哪些前景？

总是从最普通的人们那里
我们得到了最美好的情感
风把飘落的日子吹远
只留下记忆在梦中轻眠

温馨岁月

在茫茫的沙滩

我寻觅贝壳

结果碰见了一堆卵石

在古老的深山

我寻觅珍珠

却发现了粒粒种子

在荒芜的田埂

我寻觅收获

只看到一块处女地

我把卵石铺在脚下

我把种子揣在怀中

果断地走向希望的原野

# 少年时的朋友是影子

◆ 常新港

有的朋友只跟我玩了一次或只是一天；有的
朋友跟我玩了几年。可以说，朋友在少年的长河
中，使我狂热快乐地向前流淌。

我的少年时期，结交了无数的朋友。有的朋友只跟我玩了一次或只是一天；有的朋友跟我玩了几年。可以说，朋友在少年的长河中，使我狂热快乐地向前流淌。

现在回想起来，我不能没有朋友。

杨是我不能忘怀的朋友。在特殊时期，也就是父亲成为"牛鬼蛇神"的时候，杨依旧每天去我家找我。他进我家门的时候，总是静悄悄的，像一道影子。

杨也是我的影子。

因为父亲被打倒，成为人民的"敌人"，我母亲也受到了牵连。当时组织上分配母亲去喂食堂的猪。十七八只猪是很能吃的。母亲每天要煮三大锅猪食，喂三次猪，每次要挑七八担猪食。母亲很累，但她硬挺着，她要让人知道她自己不仅会当医生，给人看病，她还会吃更多的苦。她不会因为某个人或某件事而躺倒不起。

我挑不动猪食，只能看着母亲受苦而不能帮助她。杨在我身后说，大港，我们两个可以抬一桶，能抬动。

母亲望着杨说，你长大，会有出息的。

我和杨开始抬一桶猪食，然后再抬一桶。抬了七八桶猪食后，我的腰软了，腿也软了。

我说，杨，咱们不抬了，玩去吧。

杨说，问问你妈妈，看她还让不让我们抬猪食了。

我去问母亲，母亲说，快去玩吧，今天你们肯定累了。

这时候，杨在外面喊，大港，咱们再抬一桶吧，锅里好像只剩一桶了。

我说，可以。

抬最后一桶猪食时，我摔倒了。猪食桶却滑向杨的那一边，一桶猪食全泼在杨身上。

杨从地上爬起来，望着一身猪食，苦笑起来，这怎么办？

我说，打一桶水，把衣服洗一洗。

杨说，洗了也干不了，怎么穿？我说，是呀，怎么穿？

杨说，那也必须洗干净，湿了穿在身上也没什么。

我给杨打了一桶水，把杨的衣服洗了，拧干了，杨就把衣服穿在身上了。杨穿着湿衣服说，好难受。

我想了想，把自己的衣服脱下，放在水里泡了泡，拧干，穿在身上。我说，好难受。

杨笑起来，知道难受就好，我一看你穿上湿衣服，我就不觉得难受了。

朋友就是这样吧？

我父亲被揪以后，他走在街上总有人喊打倒他。有一次，我没跟杨在一起玩。杨跟一个叫山的同学在路上走，迎面碰上干完活回家的我父亲。山就扬一下手臂，喊打倒常青。常青是我父亲的名字。

杨没喊。他一次都没喊过。就是开批判我父亲的大会，有人喊口号打倒我父亲，杨都不举手。老师问杨，大家都喊口号，你为什么不喊？大家都举拳头，你为什么不举？

杨不回答。

山喊完打倒常青之后，以为没事了。没想到，杨在山的后面抱住山，把山狠狠摔在地上。

山喊起来，你摔我干什么？

杨不回答，用脚踹山。

山喊，你踹我干什么？

杨不回答，回身抱了一块石头，举过头顶。

山喊，你想砸死我？我怎么啦？

杨不回答，扔了石头走了。

这事是山告诉我的。

朋友就是这样吧？

杨最怕打针，他一看见针头，头就发昏。但那次他病得很厉害，必须打针了。但他坚决不打，他父母亲劝他不行，说他也不行，打一顿更不行，他母亲急哭了，说，儿子，你说怎么办？

杨不回答。

我去找杨时，医生正举着针头说，我没见过这么不听话的孩子，再不打针，这针头就会被细菌感染了。

杨的眼睛因为发烧显得很红。

我脱下裤子说，我替杨打针吧。

医生说，胡闹，给你打一百针，杨该烧还是烧。

杨的父亲说,大港,你把裤子提上。

我说,让我陪着杨打针吧。

这时,杨笑了。他有病以后,这是他第一次笑。杨同意打针了,但必须让我脱下裤子,让他看着。

给杨打针时,他一直盯着我的屁股看,并开心地乐了。

朋友就是这样吧?

少年时期是人的一生中最纯真的时期,少年时的友谊不受世俗的影响,没有任何的功利性,就像"我"与杨一样。人的一生能拥有这样的友谊足矣。

1.文章为什么要以"少年时的朋友是影子"为题?你理解这一文题的含义吗?

2.你曾有过少年时的朋友吗?那份情感一定至今仍让你回味无穷,何不仿照本文写一写?

# 打弹珠的朋友

◆ 谢无双

因为当年同我一样住在那个大院子里的孩子,大多都养成了一种孤僻、清高的性格,而我幸而拥有青福这样的朋友。

1987年,是我生命中的第十个秋天。那一年,父亲被派往郑州筹备单位的办事处,我们的家也从北京迁往郑州。那一年,也是我生命里至关重要的一年。

我们居住的大院里,都是和我们一样的家庭。即使是年龄相仿的孩子,我们也很少讲话。老老实实地上学、放学、回家、写作业、劳动、睡觉,我们接受的是同样的教育,我们都是孤独而承受着太多期望的一群。

直到1987年的那个秋天,我认识了青福。

青福是我的同桌,一个很喜欢说话的男生。用现代的医学观点来看,他可能属于"儿童多动症"的那一型。他很喜欢问我关于北京的事情,问我那里的路,那里的车和那里的人。其实我什么也不知道,但是他脸上的羡慕表情还是让我无比受用。加上他层出不穷的游戏花样,同样令我觉得新奇。很快地,我们成了非常要好的朋友。

我们最喜欢的游戏是打弹珠。在北京的时候,我也曾见过别的孩子在路边玩这个,可是总有人把我拉开,告诉我说这是坏孩子玩的游戏。我从未想到这是一个多么有趣的东西,更不曾料到我会被它完全迷住。我们面对面地蹲在地上,或者跪在地上,全神贯注地盯着某一个彩色的玻璃球,然后,将手中的弹珠轻轻一弹,"砰"的一声,击中了!我的内心充满了无比的自豪。

我们每个人都有一个最优秀的弹珠,它会有一个战无不胜的名字。我的叫"美洲豹",他的叫"东北虎"。

当然,我们常常都会争吵,因为他总是能赢得更多的弹珠,而我认为他一定有什么不为人知的技巧没有告诉我,于是每一场战斗结束,我们几乎都会厮打一番,结果通常以两败俱伤而告终。但是,这并不妨碍我们下一次的游戏。

在青福的带领下,我还学会了扒拖拉机。在放学的路上,经常会有拖拉机"突突"地冒着黑烟从身边开过。青福总是很轻松地一跃,就能扒上拖拉机的后箱栏杆,然后回头冲我得意地笑,或者挥手示意我一块儿上。我起先有些犹豫,可是他意气风发的样子实在令人忌妒,于是,我也模仿着一跃而上。青福发黄的汗衫和我雪白的衬衣,就这样在拖拉机的背后迎风飘扬。

记得一次考试,我只得92分,经过父亲严厉的斥责,我也觉得无比羞愧。在北京的日子,我从来没有低于95分。

讲到这里,我一定要说说青福的家。青福是老四,上面有一个哥哥、两个姐姐,下面还有一个弟弟。我一直是很羡慕青福的父亲总是不催促他们洗澡,尽管他们兄弟几个的体臭远近闻名,但是青福家里的两个女孩却总是散发着淡淡的清香,尤其是青福的小妹妹,刚刚上一年级,那么清澈的一双眼睛,我甚至想过长大以后要娶她回家。

是的,就在我垂头丧气的时候,迎面走来了青福的爸爸。"小双,怎么了?被老师批评了?"

"是被爸爸批评了。我没有考好,才92分。"

"哈哈哈哈……92分?这么高的分数?我家里的5个孩子,最多也才得过88分。你已经做得很好了,过来和青福一块玩儿吧,青福这回考了86分,我刚刚奖励了他一个新的弹珠。怎样?要不要来试试?"

那一刻,我真的希望能住进青福的家。

然而,好景终究是不长久的。父母的工作在刚刚迁入郑州的时候是紧张的,所以，我才有了那么多的机会和青福在一起，尝试种种新鲜的游戏。但是，当他们的工作逐渐走上正轨，而我的学习成绩又直线下降，我的厄运也终于来临了。

"小双，从今以后不许再和青福来往，也不要再去青福的家！"

他们毫不怀疑地认为，这一切都是因为我交往了青福这样一个"坏孩子"类型的朋友。

我只能偷偷地继续着我和青福之间的友谊，但是蹲在地上被磨破的裤子和拖拉机弄黑的衬衣，泄漏了我所有的秘密。但是1987年的那个秋天，我是那么快乐，那么快乐。

后来，父亲终于痛下决心，舍弃在郑州已经打点好的一切，将工作移交之后，又调回了北京。我和青福，也就此告别。

我又回到了1987年之前的生活，孤独的，沉默的。只有在和青福通信的时候，我才感到一些快乐和自由。直到高三毕业，我都和青福保持着信件的来往。真的感谢他写了那么多的信，很难想象，那样一个粗糙的男孩，文字会那么优美。从1987年以来的整个童年、少年时期，他一直都是我唯一的朋友。

后来，我被送往国外念书，突然就与青福失去了联系。

再回到北京，是1998年的事了。一天，我在晚报上意外发现了一篇追忆童年往事的文章，那里面如此的情节，弹珠，小双，拖拉机——温暖的情节使我想落泪——不用怀疑，一定是青福。随后与报社联系，终于得以与青福重聚，当年的顽皮少年，现在已经是北京一所大学里的研究生了。

而多年以后，我的父母也意识到当年的错误。因为当年同我一样住在那个大院子里的孩子，大多都养成了一种孤僻、清高的性格，而我幸而拥有青福这样的朋友。

假如没有青福，我的记忆中会不会有过童年般的快乐，我的人生是不是完完整整？

儿时的记忆是那么温馨，它穿越时空，将平凡的生命点缀得如此灿烂，似茫茫星空中美丽的焰火，照亮心海，点燃激情。

1.你怎样评价青福的爸爸及他的教育方式？

2."但是1987年的那个秋天，我是那么快乐，那么快乐"作者反复慨叹"快乐"，你能替他说出那份纸短情长的快乐心境吗？

3.想象作者与青福重聚的情景，选择合适的角度加以叙写。

# 我的接线员朋友

◆［美］保罗·维里厄德

> 告诉他我仍要说，还有另外一个世界，人们仍
> 然可以在那里歌唱。

在我很小的时候，我们家便成了街坊中最先装上电话的几户人家之一。至今我仍清楚地记得在楼梯拐弯处的墙上固定着一个光亮的橡木盒子，盒子旁边有一个被磨得闪亮的听筒。我甚至还记得这部电话的号码是105。当时我很小，还够不着它，但我却常常站在它的旁边入神地听着妈妈对着它讲话。记得有一次，妈妈还抱起我，让我同正出差的爸爸通了话，那玩意儿真神！

后来，我发现在这个奇妙无比的东西里面住着一位叫"问讯处"的令人吃惊的人物。她几乎无所不知，妈妈常向她打听别人的电话号码；家里的钟停了，她会很快给出正确的时间。

我独个儿第一次与听筒里那个神灵打交道是在那一天，妈妈到一个邻居家串门未归的时候，我在地下室里胡摆弄各种修理工具，手指给榔头砸了一下。当时真是痛极了，但似乎哭也不管用——就我一个人在家，没有谁能向我表示同情。我吮着砸疼的手指在屋里急得团团转。最后我来到楼道里。噢，电话！我忽然看见了那个神奇的东西。于是我很快跑去拖来脚凳，放在楼板上。爬上凳子后，我取下听筒，让它贴近耳朵，然后对着就在我头顶的话筒叫道："请接问讯处。"

一两声咔嗒声之后，一个轻柔却很清晰的声音传入我耳朵："问讯处，请讲。"

"我砸了手指头，指头——"还没说完。我就禁不住对着听筒恸哭起来，我终于有了一个听众。

"妈妈不在家吗？""问讯处"问道。

"就我一个人。"我哭着说。

"你的手指流血没有？"

"没有，我用榔头把它砸伤了。"

"那你能不能打开冰箱？"她问。我说可以。

"那么你就切一小块冰放在受伤的指头上，就会好受些。用冰锤的时候小心点。"她告诉我，"乖乖，别哭，过一会儿就不疼了。"

打那以后，我就经常向"问讯处"询问各种问题。我问地理方面的，她就告诉我费城在什么地方，还告诉我那条充满浪漫色彩的奥里诺科河——那条我曾幻想长

大以后去探险的河。她帮助我做算术，还告诉我，前一天我刚从公园里逮来的那只花狸鼠要吃水果和坚果的。

后来，我们家的那只宝贝金丝雀"贝蒂"死了。我把这个悲伤的消息也告诉了"问讯处"。她听后，先用一般的大人哄小孩的话安慰我，可我并不感到宽慰：为什么死去的偏偏是那些歌喉婉转动人、能给家里带来快乐的鸟儿？为什么它们最终都得挺尸笼底、爪子朝天、只留下一团羽毛的结局呢？

我想当时她准是猜透了我的心思，因为她平静地对我说："保罗，记住，还有另外一个世界，它们还可以在那儿纵情歌唱。"

不管怎样，我心里总算好受了些。

所有这些事儿都发生在西雅图附近的一个小镇上。后来，我9岁那年，我们举家迁到东部的波士顿。我无限想念那位曾给我巨大帮助的"问讯处"朋友。然而，她只归于远方老家的那只木盒子。当时我们新居大厅里的桌子也装有一部听筒细长的新电话，我却从未想到过要去用它。

进入少年时期后，儿时打电话的那些情景仍时常浮现在我眼前。每当我有疑问时，就常常回忆起以往那种悠然、宁静，一切都有保障的心境，因为我知道我随时可以从"问讯处"得到答案。我非常感激她，她是那么有耐心，那么善解人意，那么和蔼可亲。为了一个小孩子，她居然不惜浪费了自己那么多的时间！

几年后，我上大学的途中，飞机在西雅图降落。由于等候换机有半个小时左右的余暇，我就同住在当地的姐姐通了15分钟的电话。接着，如同中了魔似的，我拨通了家乡的接线处号码——连我自己都不知道这是为了什么。

"问讯处，请讲。"奇迹出现了，我居然又听到了那久违的轻柔、清晰的声音！

先前根本没料到这一点，我有些不由自主地问道："请问，fix 这个单词怎么拼写？"

听筒里一阵沉默，接着传来了十分柔和的声音，"我想，"她说，"你的手指头现在大概愈合了吧。"

我不禁笑了，"果真是你啊，"我说，"你是否知道，那段时间里你在我心目中有多么重要？"

"我也问你，你是否也知道，"她说，"你对我意味着什么吗？我自己一直没有孩子，所以常常盼望听到你打来的电话。我真有些傻气，是不是？"

一点也不傻，真的。不过，我没有这么对她说，而是告诉她这些年我常常想起她，并且问她，第一学期结束我到姐姐那儿时是否可以再给她打电话。

"当然可以，打电话时，找莎莉就行。"

"再见，莎莉。""问讯处"居然还有个名字，听起来真让我感到有些奇怪，"要是我再遇上花狸鼠，我就告诉它们得吃些水果和坚果。"

"行啊,"她说,"我还希望有一天你能亲自到奥里诺科河去走一趟呢。好了,再见。"

刚好过了三个月,我又一次来到西雅图机场,电话里传出的却是一个陌生的声音:"问讯处,请讲。"

我要了莎莉。

"你是她朋友?"

"对,"我答道,"一个老朋友。"

"真对不起,我非常遗憾地告诉你,莎莉五个星期前不幸去世了。过去几年里,她一直患病在身,只是时断时续地在这儿上班。"

就在我正要挂上电话的那当儿,她又说:"请稍等一下,你是不是叫维里厄德?"

"对。"

"噢,莎莉给你留了个字条。"

"是吗?"我几乎已经感到了那将是什么。

"喏,在这儿,我念给你听——'告诉他我仍要说,还有另外一个世界,人们仍然可以在那里歌唱。他会明白我的意思的。'"

我谢过接线员后挂上了电话。

是的,我的确明白她的意思。

心灵体验

这是一篇结构简单、艺术上也较为平淡无奇但却深得读者青睐的文章。文中的故事跨越了十几年的时候,从"我"小时候,到少年时期,再到上大学……作者用平铺直叙的方法,中间着重叙述了几次打电话的情形,描述了自己与接线员的交往以及一种牵挂之情。

像文章平淡无奇的叙述一样,这篇文章的感情色彩也是朴实无华的,使整篇文章都体现了一种大巧若拙的平淡之美。也许这就是"平平淡淡才是真"的文字体现,更是一种"至情若无"的完美解说吧!

放飞思维

1.本文塑造了一个什么样的接线员形象?请你用最简洁的语言概括出来。

2."我"和接线员朋友的交往经历了哪几个阶段?每一个阶段作者对她的感情又有什么变化?"我"对接线员朋友究竟怀有怎样一种感情,而接线员对"我"又怀有怎样一种感情呢?

# 戒　　指

◆郭　宇

这40年中,运动迭起,斗争频仍,多少夫妻反目,亲友成仇,而这一对邻居却一直相安无事。

这座小小的院落里只住着两家人,王老汉在南房,张老汉住北屋。他们毗邻而居已经整整40年了。

房子是张老汉祖传的产业,甬子瓦的缝隙里冒出一丛丛蓬勃的蒿草,山墙脚下挂一层褐绿色的地苔。40年前,王老汉住张老汉这两间南房,"大跃进"那年,张老汉响应政府号召,两房交给国家"经租",自己只留下三间北房。从此,王老汉始向房地局交租金,两位老汉的关系也便由房东房客一变邻居了。

邻居的关系是平等的。40年里,他们之间没红过一次脸。每天早晨,各自一开屋门,便打个照面。

起得早哇!

还是你早。

今天挺热。

是啊,没一点儿风。

晚上天一黑,便关了院门,又各自关好屋门。

逢到大年初一,两位老汉各自站在自家门口,双手抱拳,满脸带笑:

过年好!

过年好!

恭喜恭喜。

同喜同喜。

两家的门楣上各挂着"五好住户"的红塑料牌;院子大门上,街道办事处发的"文明大院"的又像奖状又像牌匾的红底黄字洋铁皮牌牌高高悬着。

真不易啊! 40年和睦相处。这40年中,运动迭起,斗争频仍,多少夫妻反目,亲友成仇,而这一对邻居却一直相安无事。真不易啊!

没有值得动气的事吗? 也有。反右派斗争前一年,张老汉的老伴丢了一枚戒指。二钱重的金戒指啊! 那是她出嫁时娘家的陪送。张大娘呜呜地哭了一夜。边哭边扯着张老汉的衣襟:"你去和他要回来! 交出戒指来便罢,咱们还是邻居,不交出来,别怪我不顾多年街坊的情分!"

"悄悄地！你咋知道是人家拿了？"

"不是他是谁？吃罢晚饭我洗锅时才摘下来，晚上他来送房钱，今早就不见了。除了他，鬼也没来，不是他是谁？他要不拿出来，我到派出所告他去！"

"悄悄地！你告人家得有证据。你有吗？没有证据就是诬告，要反坐的！"张老汉气得直拍炕沿。他年轻时在县法院当过两年书记，虽然新社会的法律与旧社会有多少不同他不大清楚，可总觉得诬告大约仍然是触犯法律的。

"那就白白好活了他个三只手？"张大娘心里咽不下这口气。

"嘻！一两金子国家收购价是98块，你二钱重的戒指也不过20块钱嘛，何苦为了这区区身外之物生闲气？若是你哮喘再犯了，不是还得花钱吗？是儿不死，是财不散。李白有诗云：天生我材必有用，千金散尽还复来。二钱重的戒指算个啥！再说，还不定是你藏掖在哪里忘了哩！也许哪一天又翻出来哩！"

张老汉尽管如此宽慰着老伴，可丢了戒指，他也心疼。老伴的判断或许准确，可是没有证据，有甚办法？再说，自己在旧社会混过事，还当过两年县法院的书记。虽然是个一般历史问题，且早已做过结论，可自己总捉摸着是个污点，在阶级斗争的社会里是最容易让别人抓住的一个把柄。这个短处，王老汉能不知道？他家女人是街道居委会的治保委员。人家是三代贫农，姑表姻亲上也没有一个有问题的人。为了这事得罪了他，就算戒指追回来了，合算吗？山不转水转，今后说不定碰上什么运动给你来上一下子，你受得了？四号院姓赵的那家不就是因为听美国的广播让人家汇报给派出所抓起来了吗？待人处事就如下棋，不能只看到一子二子的得失，要看全局，女人家头发长见识短，懂个甚？

一夜的宽慰劝导，张老汉终于说服了老伴。为一个人一条路，惹一个人一堵墙。小不忍则乱大谋。这些个世代相传的做人之道终于遏止了她惩罚对方的欲望。虽然一想起那只菱形的黄灿灿的戒指来仍免不了胆战，但总算强忍下来了。她不浑，甚大甚小，能掂量清楚。张大娘头发长未必就见识短也由此可略见一斑。

小院于是仍旧相安无事。

每天早晨，两位老汉各自一开屋门，点头一笑。

起得早哇？

还是你早！

今天天不错。

是哇，没一点儿云彩。

只是张老汉觉得自己笑得坦然、舒心，对方笑得尴尬、勉强。

自打张大娘丢了戒指以后，王家的人再也不进张家的门了。每月送房租时，只站在门外讪讪地叫一声："他张大爷，房钱！"张大娘撩起门帘站在院子里就把钱收了。

"哼! 他们心虚着哩! 为甚自从咱家丢了戒指,他家人就连咱家的门都不敢进了! "张大娘仍有点耿耿于怀。

"嘻! 真是女人家见识。若真是他拿了,他们从此再也不进咱的家门,岂不是大好事? 就算花 20 块钱买个清静,还不合算? "

张老汉日久天长也看出了点儿端倪。比如说,王老汉家的在居委会当个治保委员,在街面上也是个威风的角色,吆喝街坊们开会时那嗓门震得人家窗纸发颤:"喂——下午 3 点派出所召开居民会,一户一个人,不准迟到! "那声音透着威严,透着自信,透着掌握一定权柄的人那种与众不同的优越感。可临到最后通知张家时,走到台阶前就站住了,冲着窗户递上一句:"她张大娘,下午 3 点,派出所开会哩! 能去不? "PPP 的强度,还带着圆滑线。

还有,每当张家遇到什么事,比如说打个煤糕拉个烧土啦什么的,王老汉总要打发他那半大小子帮忙:"这么大的小子了,没点眼色? "于是两个小伙子三下五除二,噼啪一顿帮着张老汉干完了事。

他是觉着亏心了,才这样殷勤。张老汉想。

也难为他,一个卖灌肠的小摊贩,公私合营后,在家小饭铺里帮人家烧火,一个月 40 块工资,养活五口人。两个十六七的儿子,一顿饭能吃三大碗高粱面,他也难呀! 饱暖思淫欲,饥寒起盗心。他不仁,咱不能不义。他能觉着亏心,说明他还有良心。多年的老邻居了,人家就是张口求你帮助 20 块钱,你能说个不字? 张老汉越想越觉着自己当初好歹劝住了老伴没有捅破这层纸是英明无比之举。当初若真是挑明了,戒指未必要得回来,王家也得罪了。自己在机关里整日察言观色谨小慎微,回到家里仍然松弛不得,一言一行都要让专找碴儿的治保委员抓不住任何把柄,神经末梢时时处于极度紧张状态,那种日子可就太艰难了。现在多好,他们觉得有愧于咱,总想讨好咱,咱落得个和和睦睦太平无事岂不好? 悠悠万事,唯此为大:与人为善。张老汉为自己发展了孔老夫子的名言而自我陶醉起来。

过了 10 年,"文化大革命"来了!

张老汉整天愁眉苦脸。机关红卫兵已经抄了好几个人的家了,说不定哪天就会轮到自己头上。一天晚上,张老汉撩起窗帘的一个角儿,看到南屋里已经熄了灯,才蹑手蹑脚关起门把多年积存的信件、照片大把大把塞进了炕火里,眼看就要烧完了。

"砰砰砰",有人敲门。

张老汉霎时怔住了,只觉得脑袋像水发海参一般涨大了几倍。

"砰、砰",一声更比一声响。

"谁呀? "声音打着战儿。

"是我。他张大爷。"

"有……有事?"

"你家烧甚哩?"

张老汉和老伴的心"呼"的一声蹿上来,堵在嗓子眼上,半晌说不出话来。

"没……没烧甚。火熄了,添了几块柴……"

屋外,王大娘笑了:"慢点烧,我看见你家后墙上烟囱直往外蹿火苗子,当心别把屋顶上那些陈年蒿草引着了!"

听着王大娘咚咚咚走回自己屋里,张老汉一屁股瘫坐在地下,这下可糟了,人家是治保委员,新近又参加了红卫兵。刚才明明看到她家熄了灯,怎么还没睡觉?噢!说不定早就暗中监视上自己了,半夜三更,销毁罪证,了得吗?

他后悔起来,还不如不烧哩。其实自己烧的都是些普通信件相片,搜出来也没啥大不了,可你这么一烧,还能说得清吗?听天由命吧!这一夜,张老汉翻来覆去睡不安稳,噩梦联翩,总不外是红卫兵批斗他,他头上戴着三尺多长的纸帽子。老伴也在一旁陪斗。

他硬着头皮等待着噩运的降临。

谁知,等了一日,等了二日,三日五日,竟无事。早晨起来,王老汉照例笑眯眯地问候一声:"起得早啊!"

"还是你早!"张老汉怯怯地用眼睛的余光捉摸王老汉的神色,也未见异常。连日来悬浮着的心终于慢慢踏实下来了。

"文化大革命"的大风大浪,张老汉竟然以当过两年县法院书记之身而未遭磨难,毁灭了那些虽非罪证却完全可以被视为罪证的照片、信件而终未受到追究。对此,他十分感激王老汉家里的,她那天如果去告发了,自己非得坐几次"喷气式"不可。由于这种感激,他开始感到自己有点亏心了,他开始对十多年来只凭直觉而无任何证据就在心中给王老汉定的案有点怀疑起来,他越来越觉得王家两口都不像那种人,真说不定是自己糊涂婆娘油蒙了心胡乱藏掖在哪里忘记了。起初,他强迫自己相信这种可能,渐渐地,他宁肯相信这种可能。有一天,张大娘又翻起陈年老账提说那枚戒指时,张老汉立时把手里的那只康熙年间的薄胎豇豆红盖碗摔个粉碎:"陈谷子烂芝麻的事,你有完没完?"张大娘吓得从此再也不提说这件事了。

张老汉觉得心亏,颇有点讨好似的主动到南房串门。逢年过节,也断不了开一瓶老白汾,请王老汉对酌。喝完了,"当头炮,把马跳"地热闹到夜阑人静。

街坊们都羡慕这两家相处得好。

又是十几年过去了,两位老人都退休了。王老汉的老伴早已作古,两个儿子业已成家另过。王老汉自己又操起了旧业,推一辆小车走街串巷去卖灌肠。他的灌肠是祖传手艺,真材实料,精工细做,没出几年,竟也发了。街坊们都说王老汉的存折早已上了五位数,而且打头的绝不是"1"。究竟王老汉有多厚的家底,谁也说不确切,单就街道上办托儿所,他一下子捐了1000块!乖乖!

两个老汉仍断不了三天两头喝几盅,可如今多是王老汉做东,打酒买菜,掏出来的"大团结"新崭崭的,能切豆腐。张老汉过意不去,多次谦让着要自己花钱。王老汉满脸不悦:"咋!你就不该吃我的?"弄得张老汉反而有点尴尬,摇摇头一笑,也就不争了,由他去。

街坊们就说,两个老汉处着处着,处成亲兄弟了。这话传到他们的耳朵里,两人相对着只是笑。

忽一日,王老汉觉得不适,从医院回来,竟卧床不起了。说是得了绝症。张老汉两日尽力照拂,自不在话下。

那一晚,夜静了。张老汉两口刚刚想宽衣就寝,王老汉推门进来,拄着棍子,跌跌撞撞扶着炕沿坐下。喘着气,半晌无话。

橘黄的灯光映着他多皱而发暗的脸颊,无神的眼珠镶着灰蓝的边,张老汉心里很不是滋味,他凭经验,察言观色,知道王老汉大去之期在即,可一时竟想不出几句宽慰的话,喉头一股热浪一涌一涌的。直戳戳迸出一句:"还有甚没安顿的事吗?"

王老汉摇摇头,只是用没神的眼睛直勾勾地盯着张老汉两口子的脸,像是要在临离别时把两人的影像尽量摄进自己的记忆之中。

默默地坐了一阵,王老汉挣扎着站起来,拄着棍子迈着艰难的步子,张老汉夫妇连忙搀扶着。临出门了,王老汉慢慢回转过身来,痴痴地望着张老汉夫妇,沙哑的喉咙嘟囔了一句:"咱兄弟相处40多年了,有甚不对的地方,哥哥你多担待着些个。"说着,两滴浑浊的泪水沿着鼻翼扑噜噜滚下来。张大娘禁不住背过身去抹着眼睛……

第二日凌晨,南屋里突然传出王老汉儿孙们的一阵号哭,张老汉夫妇披衣跟鞋奔过去,只见王老汉睡着了一般,双目微合,死得善相;两只手伸得展展的:他没有撒不开手的事。

返回北屋,张大娘叠被子时,褥子底下摸见一个硬硬的东西:戒指!

张大娘的手颤抖着,把戒指递给张老汉,张老汉看也没看一眼,说:"我不是当时就跟你说过? 也许你乱掖在哪里,不定哪一天就会翻出来的!"

张大娘听得真切,男人的声音带着极度悲戚的哭腔。她掂掂那戒指,怔怔地说道:"都怨我,记性差,自己放的东西自己记不住地方。"说着老泪流满面颊。

作者根据特定历史时期社会环境和阶级斗争的大背景，以"二钱重的戒指"为纽带，以张王两家比邻而居40年的交往为线索，着力刻画了人与人之间的猜疑、设防及至最后真相大白的全过程。全文结构严谨，遣词造句生动细腻，心理刻画入木三分，人物形象描写栩栩如生。

1.如果你遇到类似"丢戒指"之类的问题，你会如何处理？
2.你觉得这篇文章写得如何？好在哪里？

# 那 年 冬 天

◆高 音

对她，好友再了解不过了，身体不好，还很任性，一个人不好好在家待着，总喜欢往外跑，希望女孩以后工作和出去玩时能带上围巾，至少能抵挡一点寒冷，不至于总是感冒。

和往常一样，那年的冬天依然很冷，第一场雪就是在夜里悄悄地落下了，走在雪中，被白色的光亮所包围，人也显得格外精神，却总是感觉很冷、很冷……

女孩原本是不喜欢冬天的，因为她从小身体就不怎么好，从记事起，冬天里，几乎从开始到最后都是在感冒中度过的，总是昏昏沉沉，天天像沉睡去了一般，那些平常的药，对她来说，根本不起一点作用，所以渐渐地她也习惯了这些，习惯了感冒。

女孩参加工作了，却不能在父母身边，她学会了独立，学会了照顾自己，女孩终于长大了，慢慢地脱去了幼稚，但每当一个人寂寞的时候，或者因为寒冷身体不适的时候，她不由得还是想到了父母，想到了家中的温暖，对于游子来说，从心底最渴望的也许就是一份关心和温暖吧。

女孩独自在雪中漫步走着，也许是因为她对寒冷的惧怕，加深了她对雪中浪漫的追求，她喜欢看着雪花静静地飘落。忽地一个身影跳到她的面前，很吓了一跳，原来是她最好的朋友。几年来，她们一直保持着一种很好的友情，互相关心，互相帮助。

有了好友的陪伴,便不再孤单了,她们互相关心着对方最近的发展,不知不觉身后全留下她们俩的脚印,好友好像突然想到了什么,从包里面掏出来一个东西,非得让女孩闭上眼睛,女孩很乖地把眼睛闭上了,好友把一个暖融融的东西围到了她的脖子上——是围巾,女孩睁开眼,看到了一条很漂亮的带着小花的围巾。

好友看着很惊奇的她,说是专门为她赶织的,对她,好友再了解不过了,身体不好,还很任性,一个人不好好在家待着,总喜欢往外跑,希望女孩以后工作和出去玩时能带上围巾,至少能抵挡一点儿寒冷,不至于总是感冒。

女孩一句话都说不出来,心里所流动的,不只是感动,更多的是温暖吧。如今的社会,人越来越现实,越来越虚伪,似乎除了父母和爱人,就再也找不到肯用心的人了。常说人生得一知己足矣,而此刻,她的知己就在她的身边,时时刻刻真诚地关心着她,而她始终都是幸福的。

从那时起,女孩永远记住了那个雪天,记住了落雪中的美丽……

在人们把利益看得越来越重的社会,两个女孩的友情就如沙漠里的绿洲更显得珍贵。这对于那些只顾邀功逐利,情感越来越麻木的人们不是很好的启发吗?

1.女孩走在雪中,人显得格外精神,却总是感觉很冷,很冷。这里"冷"的真正内涵是什么?

2."女孩永远记住了那个冬天,记住了落雪中的美丽",那么,你知道落雪中美丽的具体内容吗?

# 女儿的礼物

◆廖玉蕙

**人再大,也需要别人照顾呀!**

暑假期间,一位昔日好友由伦敦回来。我们约在信义路金石堂五楼的咖啡屋中见面。

夏日的午后,郁热难当,我拉着女儿的手,走在人潮滚滚的街道上,觉得整个城市似乎要燃烧起来。女儿的小手,常因逆向行走的行人的冲撞而由我手中松脱,然而,很快地,又会迎上前来。我们就在商家的吆喝声、行人的讨价还价声中,断断续续地聊着。

女儿问我即将和什么人见面,我说:

"是妈妈大学毕业后留在学校当助教时的同事,由很远的英国回来。"

女儿侧着头天真地问:

"是不是从很远的地方回来的人都要约着见面,请他们喝咖啡?"

"那倒不一定啦!妈妈那时候同她感情最好,一起做助教时,她很照顾妈妈。"

女儿锲而不舍地接着问:

"大人也还要人家来照顾吗?她怎么照顾你?是不是像蔡和纯照顾我一样,教你做功课?"

蔡和纯是她的同班同学。我听了不由得笑着说:

"大概差不多吧!人再大,也需要别人照顾呀!对不对?像爷爷生病了,也要我们照顾嘛!对不对……"

"那你生病了吗?那时候。"

"生病倒没有。不过,那年,有段时间,妈妈的心情很不好,觉得自己很讨人嫌,人缘很差。就在那年圣诞节前几天,我发现王阿姨偷偷地在我办公桌上夹了张她自己做的贺卡,上面写着:'我不知道怎样形容我有多么喜欢你,祝你佳节愉快。'妈妈看了好感动。这张卡片改变了当时妈妈恶劣的心情。更重要的是,给了我很大的鼓励,使我觉得自己并不那么讨厌!"

女儿听了,若有所思,低头不语。

我和朋友见了面,开心地谈着往事,彼此探问着现况,女儿在一旁安静地听着,不像往常般叽叽喳喳抢着说,我们几乎忘了她的存在。

一会儿工夫后,女儿要求到三楼文具部去看看,10分钟后,女儿红着脸,气喘

吁吁地上楼来,朝我悄悄地说:

"先借给我 100 元好吗? 我想买一个东西,回去再从扑满拿钱还你。"

我和同学谈得高兴,不暇细想,知她不会乱花,便拿钱打发她。没过多久,她又上来了。面对朋友,恭敬地立正,一本正经地说:

"王阿姨! 送你一个小礼物,你从那么远的地方回来。"

朋友和我同时大吃一惊,朋友手足无措,讷讷地说:

"那怎么行! 我怎么能收你送的礼物?……我从英国来,没有带礼物给你,已经很不好意思了,而且我还是大人,而你是小孩儿……"

女儿很认真地并拢脚跟,无限深情地说:

"我妈妈说,你是她最好的朋友,谢谢你以前那么照顾我妈。"

一股热气往脑门儿直冲了上来,我喉咙蓦地哽咽了起来,眼睛霎时又湿又热,我束手无策,万万没想到女儿竟会如此做。朋友的眼睛也陡地红了起来,嘴唇微颤,却是一句话也说不出来,只紧紧地搂过女儿,嘴中喃喃地说道:

"谢谢你! 谢谢……"

这次轮到女儿觉得不好意思了,她伏在朋友的肩上尴尬地提醒朋友:

"你想不想看看你得到什么礼物啊?"

朋友拆开礼物,是挂了个毛茸茸小白兔的钥匙圈。女儿老气横秋地说:

"会照顾人的人一定是很温柔的,所以我选了小白兔,白白软软的,你喜欢吗?"

朋友感动地说:

"当然喜欢了,好可爱的礼物。我回英国去,就把所有的钥匙都挂上,每当我打开一扇门,就想一次你……真谢谢啊。"

女儿高兴得又蹦又跳地下楼去了,留下两个女人在飘着咖啡香的屋里,领受着比咖啡还要香醇的情谊。

心灵体验　　文章描述了往日同事的情意对下一代的感染,字里行间弥漫着一股温馨的气息。它告诉我们爱心是美丽的,爱心是可以传递的。

放飞思维

1. 小女孩能理解大人的友情吗? 她是怎样理解的?

2. 请你给小女孩的行为写一段评语。

# 一个让人内疚的日子

◆ 裘山山

> 但我想，有这样一些为他感到内疚的人，就足以让他不死了，他永远活在他们的内疚里。而内疚，也是一种思念。
>
> 活在思念中的人，比获得称号更能够永垂不朽。

这个日子是 1964 年 6 月 22 日。

第一个感到内疚的人是本文的主人公，原成都军区测绘大队的一名军官，名叫杜永红。当时他正奉命带领一个作业小组，来到西藏岗巴中区的山野里，测量中尼边境线。

杜永红时年 24 岁，未婚。当然他有未婚妻，而且有了好多年了，但由于长年在野外工作，几乎没时间与未婚妻在一起，故一直未婚。他带领他的作业组在岗巴执行测绘任务已经二十多天了。岗巴地区平均海拔 4000 米，而他们测量的地方就更高了，"荒无人烟"这四个字是无法概括这儿的艰苦和恶劣的。杜永红病倒了，而且患了非常可怕的肺水肿。但他不肯休息，坚持上山作业，结果昏倒在山上。同小组的战友们把他抬下了山。他在帐篷里醒来，恢复知觉后的第一感觉就是内疚。他想，自己是个共产党员，还是个作业组长，怎么能没完成任务就倒下了呢，怎么能让同志们抬下山呢？实在是太不应该了。

于是为了弥补自己的"过错"，他一刻也没休息，就开始整理当天的资料和图纸，一直整理到深夜。当他终于完成工作想要休息时，才感到自己呼吸十分困难，以至于根本无法入睡。也许那时他的肺里已积满了水。他想，反正躺着也睡不着，不如去站岗，让能睡的同志去睡。他就走出帐篷，换下了站岗的战士。

第二天早上，杜永红看天色微亮，就叫醒做饭的战士起来烧火做饭，他们今天还要上山，还要走很远的路。叫醒炊事员后他就去睡了。谁也不知道他是怎么坚持到早上的，谁也不知道他去睡的时候，是不是觉得胸口好受一些了。

这第二位内疚的，就是被替下岗来睡觉的哨兵。事后回想起来，他不停地自责：我为什么要让他替我站岗呢？是的，他是组长，可他也是病人啊！我不该那么听话地把哨位让给他。是的，那天我也很累，我的身体也有气无力，可他病得更厉害啊，他比谁都累啊。再说，他们组里哪位同志不累呢？他们进藏执行任务的全体测绘兵谁不是靠意志在支撑呢？

哨兵因为这样的自责而哭泣。不,是痛哭,痛哭不已。

我们再往下说。早饭做好后,炊事员把大家叫起来吃饭,叫到杜永红时他有些犹豫了,他知道他天亮才睡下,还知道他在生病。于是他绕过了他。

吃完饭要出发了,杜永红还在睡,一个老同志说,今天咱们就别让组长上山了,让他在家歇一天吧。大家一致同意。他就嘱咐炊事员,千万不要惊醒他,让他好好睡一觉,到中午 11 点时再叫他起来吃饭,免得他又硬撑着上山。炊事员点头答应。

一个上午,帐篷里都静悄悄的。炊事员在准备午饭时十分小心,轻手轻脚,生怕惊了组长的梦。他知道只要组长醒来,就会不顾一切地上山去。总算到了 11 点,炊事员走到帐篷门口,侧耳听了听,里面一点儿声音也没有。他想组长实在是睡得太香了,已经很久没这样睡过了。他决定让他再多睡半个小时。

到了 11 点半,太阳老高了,而且暖洋洋的,炊事员想,这下可以叫组长起来了,吃碗热乎乎的面条,再好好晒晒太阳。他的病一定会好起来的。

他走进去,叫他。叫他的组长,叫那个叫杜永红的人。但杜永红一动不动,他大声叫,他不动,他用力拍他,他也不动,他就使劲儿推他,他还是一动不动,就像一块紧贴大地的岩石,除非火山爆发才能令它改变。他预感不好,掀开被子,才发觉他们的组长,他们的战友杜永红,早已僵硬。

这第三位内疚的便是炊事员。他想自己为什么要自作主张地晚叫他半小时呢?也许早叫半小时还会有救的。尽管后来医生说,杜永红的死亡时间是在早上,他还是内疚不已,他想我竟让他的遗体那么孤孤单单地在帐篷里待了一上午。我该去陪陪他的啊。

炊事员抽噎着说不出话来。组里那位老同志劝慰他说,你不要这样自责,如果怪应该怪我才是,是我叫你不要叫醒他的,是我说让他好好睡一觉。当然,我不知道他会一觉不醒,如果我知道,我一定不会让他去睡的。哪怕我们轮流给他唱歌,哪怕我们轮流给他讲笑话,哪怕我们再让他去站岗,去工作,我们也坚决不会让他睡的,我们会尽一切一切的努力让他醒着,醒在这个世界上。

但所有的后悔都已无济于事。杜永红毕竟是睡去了,而且是永远地睡去了。老同志成了第四个内疚的人。他默默地淌着眼泪,领着组里的同志把杜永红仔细地包裹好,放在担架上,抬到岗巴他们的总部去。

抬到半路时,见一匹马卷着尘土飞奔而来。大家一看,原来是大队医生。医生一见担架就想下马抢救,但所有的目光都在告诉他,已经晚了。医生扑在担架上就放声大哭,边哭边说,我来晚了,我该再快一些的!我该昨天晚上就出发的!我就知道是你!我对不起你啊!

原来，杜永红病倒后，就给大队医生写了封信，他说小组里有人病了，希望医生方便的时候过来看一下。他没说是谁病了，也没说是什么病，有多严重，他是怕医生知道了着急。他知道医生很忙，进藏后生病的人太多。但医生了解他，知道他身体不好，也知道他是个工作起来就不要命的人。一看信就猜到生病的是他本人，而且还猜到一定是病很重了他才写这封信的，所以医生一大早就骑马往这边赶，没想到竟在路上与他的遗体相遇了。

医生怎能不放声大哭？

讲到这里，医生已经是第五个感到内疚的人了。

但故事还没有完。杜永红牺牲的消息传到了阿里。当时在那里工作的另一个测绘小组的组长，是杜永红的好友，名叫王玉琨，他一听说岗巴牺牲了一个同志，心里马上有种不好的预感：牺牲的人是杜永红。

从拉萨出发前，杜永红曾跟他说，他的那位和他谈了好几年恋爱的未婚妻，最近写信来要和他分手。原因很简单，她总也不能见到他，总也不能和他"谈"恋爱。这么多年来他们一直是靠通信维持关系的。杜永红有些难过，他跟王玉琨说，他想好好和他聊聊，还想给他看看他未婚妻写的那些信，让他分析一下还有没有挽回的可能。信一共有40多封，进藏时他把它们全背进来了，他走到哪儿信就带到哪儿，他试图用这种方式留住爱情。

但他们没有谈成。出发前需要做的准备工作很多，两个人都是作业组长，时间实在是不够用。分别时王玉琨对杜永红说，等我们完成了这次任务，一定找机会好好聊聊。

可没等完成任务，杜永红就牺牲在了岗位上。

王玉琨说，我真是非常后悔，当时无论如何该和他谈谈的，哪怕不睡觉，不吃饭，也该和他谈谈的，让他说说心里的委屈，吐吐感情上的烦恼。我是他最好的朋友啊。可我却让他带着心事走了，他永远也没机会向人诉说了！

王玉琨讲到这里时，眼圈红了。往事在38年之后依然折磨着他的心。如今他已是年过花甲的人了，他说杜永红如果活着，也该年过花甲了。早已离开了部队的他，依然忘不了当年丈量世界屋脊的那些日子，那些艰苦而又光荣的岁月。他把它们写成了一篇日记体的报告文学，让我看。而前面这个小故事，是在他讲述中不经意提起的。但恰是这个小故事，像根针一样一下子刺进了我心里。我知道我若不把它拔出来，心就一直会汩汩流血。

王玉琨是那个日子的第六个内疚者，也是这个故事的讲述者。写到他，故事似乎应该结束了。但我却忽然想到，这世上还应该有一个为那天感到内疚的人，虽然她和西藏相隔遥远，虽然她对那天一无所知。她应该是第七个内疚的人。

她就是那40多封信的作者，杜永红当年的未婚妻。

尽管同为女人，我十分理解她无法承受的孤单和寂寞；但仍是同为女人，我推断她一定会为自己在他临死前提出分手而深感内疚。说得残酷些，哪怕她晚说一个月，或者信在路途上耽误一个月，杜永红赴黄泉路时就不会那么孤单了。

王玉琨告诉我，杜永红死后并没有被授予什么称号，因为在他们测绘队，因劳累艰苦而牺牲在岗位上的人很多。但我想，有这样一些为他感到内疚的人，就足以让他不死了，他永远活在他们的内疚里。而内疚，也是一种思念。

活在思念中的人，比获得称号更能够永垂不朽。

本文主人公杜永红是一个值得让人内疚的人，正是一群人的内疚，让我们感受到了高原工作者的无私和忘我精神，感受到了他们的真情，感受到了他们的平凡和伟大。

1.文中提到有七个感到内疚的人，他们内疚的都不是什么惊天动地的大事，但此中的真情是人世间最伟大的，请分别叙述他们各自内疚的事情。

2."内疚也是一种思念"，你是怎么理解这句话的？

# 益友增添生命光彩

◆席慕蓉

他们叫的咖啡很香，孩子们兴高采烈地吃着冰激凌，屋子里有一种黄昏时细致的温暖的光泽，我非常满足，就再没有说一句话，直到和他们挥手再见，那种安宁、满足的情绪一直充满我心。

我觉得朋友是快乐人生中的重要环节，一辈子里如能得到几个知心的朋友实在是极大的幸福。人因为年龄和经历可以分成好几个不同的时期，每个时期都可能有不同的益友和损友。如果有一个朋友能陪你一起度过好几个不同的阶段，那更是你的幸运，非常值得珍惜的一份幸运。

我就有几个这样的朋友，在十几岁的时候就已认得，在不同的时期里还常能互通讯息。有一次，一个像这样的、快20年没见面的朋友要来看我，虽然我们彼此都知道20年来大家在做些什么，可是到底是20年没见面了。听说他要来，我好早以前就开始兴奋了。那天早上接到他的电话，要我去龙潭的电信局接他，我和先生开车去，心里竟然紧张和害怕起来，我怕他变得太多，变得太老，我就会觉得伤心，可是又知道，20年实在够长，够把一个人变老变丑。一直到车子开到龙潭那个小小灰灰的电信局前，我的心还是忐忑不安。当我看到穿着灰色风衣的他走了出来，身旁是他的女伴，他的面容虽然和年轻时不大一样了，可是却很好看，有一种不凡的风采，当他微笑地和我打招呼时，我有一种如释重负的欢欣的感觉。20年的时间让我的朋友变得成熟，变得不凡，我真替他高兴。

回家以后，我给他看我的油画素描，然后再向我的先生、他的女伴诉说我们同学时期的种种不可思议的经历。我们的理想、我们的青春、我们的种种可笑又可怜的挣扎，在那两三个钟头里，我们几乎处在一种狂热的状态中。

一直到下午带孩子们去吃冰激凌，坐在咖啡座上我才觉得累了，一句话也不想再多讲，我告诉朋友：

"我好累，已经不想说话，我已经说够了。"

我的先生和朋友都很高兴地看着我。他们叫的咖啡很香，孩子们兴高采烈地吃着冰激凌，屋子里有一种黄昏时细致的温暖的光泽，我非常满足，就再没有说一句话，直到和他们挥手再见，那种安宁、满足的情绪一直充满我心。

直到今天，每次想起那一场会面，我心里的满足感觉仍会回来。以后我们也断续见过两三次面，但不知道是时间不对还是地点不对，总不能再造成第一次的那种气氛。也许因为我有过第一次的经验，对以后几次的会晤有较高的期望，因此总觉得失望，心里有点懊恼。

朋友是快乐人生的一个重要环节，一位益友能增添生命的光彩。在许多年后，当你想起和好友共同拥有的一段美好的时光，心里仍然会充满满足的情绪。

1.席慕蓉是台湾著名作家，早年曾在欧洲学习绘画，你读过她的多少作品？你认为她的作品有怎样的风格？

2."我好累，已经不想说话，我已经说够了"，这句话表达了作者怎样的想法？

# 朋友是桥

◆孔 明

> 把自己当成桥的人,是真正的桥,这样的桥坚固耐用,过来过去都用得着,而且让人感觉到有桥真好!把别人当成桥的人,十有八九是过河拆桥者,这样的朋友,可以弃之。

多年以前的春天,有位朋友光临寒舍,向我兜售了一个观点:"朋友是桥,当你要过河的时候,才用得着。"我和他为此争得脸红脖子粗,他和我许多年不相往来,此次来是为了出书。我对他说:"我不是你的桥,你另请高明吧!"看上去他很委屈,又是摇头又是说:"你不明白!"末了,他只有发了通"秀才遇到兵,有理说不清"之慨,悻悻而去。

多年以后的今天,我要向全世界的朋友兜售那位朋友的观点:"朋友是桥,当你要过河的时候,才用得着。"

这话听起来别扭。朋友怎么能是桥呢?朋友是我们日常生活中须臾不可缺的伙伴。你往世上看,即使终身不娶不嫁的男人、女人,都有一两个朋友在身边。许多人可以离婚许多次,却和许多朋友相交依旧、矢志不渝。世人有"旧的不去,新的不来"之说,比如吃饭、穿衣,比如有些人恋爱、结婚,都被不幸言中,唯独朋友不但例外,而且相反:朋友是越老越好。如果朋友是桥,那么路呢?路是什么?路总比桥长、比桥结实吧?

多年以前,我就是这样和我的朋友抬杠的。和许多人一样,我一旦钟情于朋友这个神圣的字眼,就偏执得近乎神经质。那时我并不知道朋友究竟是什么,但确信不是桥。我也不曾想过桥有什么不好,只是本能地联想到一个成语:过河拆桥。我理想中的朋友绝不能这样,所以我回避"桥"这个字眼。

有道是"吃一堑,长一智",岁月终于告诉我,我那位朋友是对的。物以类聚,人以群分,人与人相处久了,就会有朋友产生。古人说的好:朋友好比手足。人不谙恋爱之道的时候,就已明白什么是朋友了。与朋友乐,与朋友苦,与朋友做好事,也做坏事。许多不愿告诉亲爹亲娘的话,却乐于向朋友倾诉。无论是恋爱结婚,还是工作学习,甚至改行、下海——但凡人生紧要关头,朋友常常是参与决策的军师、参谋或幕僚。有句成语:"成也萧何,败也萧何",用它形容朋友,再恰当不过。被当成朋友的人常常越俎代庖大包大揽,把朋友的事当成自己的事去做,其理直气壮,连许多手足兄弟也自叹弗如。把这样的朋友比作桥,有什么不好呢?桥有坚固耐用的,也有临时搭起的,但目的一致,都是为了过河。与朋友朝夕相处,养尊处优,饭来张口,衣来伸手,当然不会联想到桥。及至大难临头,作鸟兽散,假朋友原形毕露,过河拆桥;真朋友形影不离,甘愿为桥,一心一意帮助朋友渡过难关。正反的例子都证明了:朋友是桥。区别在于:把自己当成桥的人,是真正的桥,这样的桥坚固耐用,过来过去都用得着,而且让人感觉到有桥真好!把别人当成桥的人,十有八九是过河拆桥者,这样的朋友,可以弃之。

我愿意做一座桥,让我真正的朋友踩着它过河。

我们对那些甘愿为朋友做桥的人,心中总充满了尊敬之心。其实在生活中,只要我们为他人多考虑一些,多做一些力所能及的事,我们也会成为受人尊敬与信赖的朋友。

1.作者不同意"朋友是桥"的观点,为什么又愿意做"桥"?
2.朋友到底是什么?你考虑过吗?

# 友　情

◆郭雄宏

纯真的友谊,无私无欲,肝胆相照,如江河浩荡,宽阔、深厚,可载生命之舟,可歌可泣,令人总难相忘。

向来喜欢听雨,尤其是在静谧的雨夜。

撩开厚重的窗帘,独坐窗前,面对空旷无边的淅沥,呼吸着柔和醒润的空气,心也一点点温润丰盈起来,恍然中,总觉得雨中的轻柔,雨中的迷蒙,雨中的缠绵,甚至雨中的泥泞,都给人一种格外悠然的韵味,让人倍感恬静怡然。

细雨沙沙,那是我们彼此熟悉的问候。也许,是我们在春天的缘故,那份友情充满绿意,搏动生机,也因了这份缘,我特别喜欢在春夜的雨声中默默地读你,读你关切的眼神,沉静悠长的微笑,读你推心置腹、分明坦诚的庄重。

你的心怀仿佛是海,让我一次次探寻又一次次盼望。

你的声音仿佛是深沉的旋律，一次次在我心灵之弦上回响。

充满友情的日子，给人带来几许暖意，几许温馨，让人品味到生命的甘美，生命的真实与生命的激越。

充满友情的日子如一张白纸，能让人写不完一生的心事。

纯真的友谊，无私无欲，肝胆相照，如江河浩荡，宽阔、深厚，可载生命之舟，可歌可泣，令人总难相忘。

人生聚散无常，因此便格外珍惜知己朋友相知相悦的心的默契，格外珍惜人间点点动心的美。

本文由雨起笔，细雨的沙沙声触动了作者情感，由此忆起了曾经拥有过的一份友情。文章语言如诗，精巧细腻。

1. 作者为什么喜欢在静谧的夜晚听雨？
2. 纯真的友情包含着哪些内容？

# 月 露 之 台

◆梅绍静

> 我知道我又走过了一段儿人生历程，它就像缺月之台所连接的那一段儿走向成熟的历程；我知道我眼眶也贮满了花露月华，它就是这满月之台托举着的"地久天长"的美好友情。

真的，只有今天上了火车之后，我才去想为什么站台也叫月台？是月露之台吗？月华之台吗？或者就是月之仙台？是哪一个诗人在送别之时给这正在残缺又正在圆满的人们的站台，起了这样一个诗意的名字？并不是只有月饼、月亮门儿……这类状如满月的东西才能在名词前加个"月"字，你看，这月台只是多么窄的一条儿"小月牙"呀。

站在北京站台上的我，在焦热的太阳底下，汗水满面地为你提着行囊，当然，最沉重的，你已管自拎着了。

"在几车厢？"我问。

87

"17车厢。"你答。

"有那么长的车吗？把你的车次说成车厢了吧？"

你放下包儿，就那么弯着腰，笑着给我看那票上的字。

真的，17车厢！我可从来没有坐过17节车厢的车。

"真长啊。"我也笑了。

走着走着，真没有一点儿在月露之台上的凉爽感觉，只好在一个通风口地站住。

"歇一歇儿吧！"人们熙熙攘攘从我们身边走过去，而车上的人们正在纱窗和玻璃里边显现他们放包、穿行、觅座的身影。

"真热！"我又掏出手绢儿来。"四儿妈！"又听见远处飘来这么久违的声音，脸更红了吧？啊，我为什么要为别人脸红？天像是更热了！

这条手绢儿是浅蓝色的，两个角上各织有一只深蓝色的蝴蝶和一朵深蓝色牡丹。不知为什么，在百货大楼的货架上，我只看中了这条手绢儿。

自己擦完了，又不知道该不该送给你。只好这样问："你不擦擦汗？"却并不递给过手绢儿去。

你一边儿把手伸到自己的裤袋里去，一边说："我的手绢可脏。"

你掏出来的手绢儿是绛红色的，确是灰不涂涂，好像多少天都没洗过。

"你擦吧！"我这才把自己的递给你。好像这样做，自己也在心理上找到平衡感似的。

再拎起包裹，再快步地绕过人群，从9、10、11、12……那车厢头上一块一块白底红字的搪瓷牌儿前走过去。

啊哈，17！是最后一节车厢。可为什么在车厢后还挂着一节火车头似的东西呢？也许这17才是第一？这不是已无关紧要了吗？紧要的是上车后还会不会有空着的行李架？

"但愿那边儿空着的行李架正在等着我们！"我边说着，边去看车座上的号码。

这么巧，这空着的行李架下正是你的25号！我这才松了一口气，忘了刚才自责的话了："怪我，我老歇！"

一刻也没有在车上停，我下车去，但这不是遵循什么列车员的指示，我只一如既往，遵循着永远也不会给你画出来的自我轨迹。

我到车下的时候，绕过一辆行李车，寻着该有你座位的那一扇车窗，却不见你的影子。也许你是给人堵住了？

好久好久，才发现你已默默地站在我身后。

"怎么下来了？我正在找你。"

我还说：

"我走了，你上车吧，我不等车开了。"

你转过身去，像要上车。我却反复着自己的话又走了两步，只不过想对你说一声"再见！"似乎我得到你的"再见！"之后，我才能安心离去。

为什么你不回过头来？为什么连"再见"也没说就想要走？我追上前去。我看见的却是一张再也喊不出"再见"来的泪脸。

喊不出"再见"的脸就是今天的月台。

我沉默了，似乎再也不能以任何一句寒暄来亵渎这没有月华，也没有露水十分纯洁的所在。

我的心出奇地宁静，它正像一片洒满月华、凝结露水的圆月之台。啊，我从来还没有在平凡的生活中意识到人们在残缺的当儿会有什么正圆满起来。

车确是以这17车厢为第一车厢的。风吹着我的裙摆，把我送到你的视野里去。但这只是一小会儿，月台正弯出弓一样的形状，我是站在月尖儿上，而缓缓驶过月尖儿的列车自有他的轨道。

啊！只有在意识到这一点的一刻，才发觉泪水已那么快地涌上我的眼眶。

我知道我又走过了一段儿人生历程，它就像缺月之台所连接的那一段儿走向成熟的历程；我知道我眼眶也贮满了花露月华，它就是这满月之台托举着的"地久天长"的美好友情。

文章通过一对友人的依依惜别来诠释了月台的含义。月台虽为送别亲朋好友的分别之台，但人们更希望它是圆满之台，这缺月之台托举的是后段人生的历程，人们之间的美好情意。

1.月台，是一个颇能引人产生联想的地方。除了分别之台、友情的外露之台外，你还能想到什么？能用一段话对你的联想作诠释吗？

2."月露之台"的含义深远，寄托了作者怎样的感情？

# 朋友是好书

◆王泽民

> 周围的每个人都是一本可读的活书：父母是
> 教科书，爱人是工具书，同事是参考书，街坊邻里
> 是报纸杂志，顶头上司是大众菜谱，妙龄女郎呢，
> 则是些读不尽的连环画……

我爱读书，尤爱读好书。好书者，朋友是也。

朋友是好书。其中有些只有几页，有些却洋洋洒洒。有些是精装书，有些是袖珍本。但读到最后，总是这样或是那样的一句浓缩的话，这些话足以在意志最薄弱的时候支撑人生。

树新曾与我抵足四年。他生病时，在西安上学的妹妹特地寄来 10 元钱要他注意身体。他呢，又添加了 5 元，把钱退寄给了妹妹。我不解其意。他便说道："这是父母给她的生活费，她自己从嘴边省下来的。我，怎么能要呢！更何况，我们……"他做了个手势，意思是，男孩子们，"凑合起来比她们更容易"。"嘿，真有你的！"我拍他一掌。

这是我读到的第一本好书。这本书教会了我什么叫自立。

朋友是好书。凡这类书，都必是由可爱的品性和独特的个性写成的。

志超也是同窗好友。思想解放，感觉敏锐，属于新派人物。衣着打扮，常常别出心裁，引人注目。举手投足之间，充满灼灼活力。毕业分手，大家纷纷赠言：天生你材必有用！

在我眼里，这是一本优美而热情奔放的散文诗集。这本书教会了我"人是血肉之躯"的道理，也使我真正理解了"生活之树常青"的名言。

朋友是好书。但这类书是非"悟"不能读的。

初识汪宁时，并不拿她当一本好书看。她见别人争长论短，也只是随和地笑笑。所以，在我的印象中，她是属于那种可以一览无余的小说类的。有一天，她来还书，一本诗集。于是我们便谈起诗来。她信口说道："……拜伦洒脱、随意、决断，能主宰自己的命运……泰戈尔的诗情浓得能从笔尖上掉下来……叶赛宁像个天真的孩子，他的诗我只喜欢'死了并不更新鲜'一句……"这些都是我平时读诗时感到而还道不出的，一经点破，恍然大悟。我由是顿悟到眼前的汪宁原来是一本真正韵味独具的好书。如水一般的看似平淡，如水一样的万千情趣。我后来从这本书

中读到的东西实在太多了,诸如诗性与风度,情趣与理智,洒脱与淡泊等等。最难得的是我因这本书而懂得了诗性的生活是最高的生活这样一种价值观念。

朋友是好书,读通了便为知己。

朋友是好书。朋友们常聚不散当然求之不得。一旦离别,珍本善本就自然读不到了。这时候,只好鸿雁传书,读读这些活书的影印本。虽然不及珍本带劲、真实、有收获,但也足以解书馋的。

龙茵出洋留学,从此天各一方。乐莫乐兮新相知,悲莫悲兮生别离。好友离别,恰如一本好书正读到精彩处时被人凭空夺去一般的滋味,说不清是悲是喜,是惊是怒。

朋友是好书。实际,差不多周围的每个人都是一本可读的活书:父母是教科书,爱人是工具书,同事是参考书,街坊邻里是报纸杂志,顶头上司是大众菜谱,妙龄女郎呢,则是些读不尽的连环画……活书读多了,忍不住要写出来。写固然有写的乐趣,但一写出来,就把活书化成了死书。所以,这种时候,心中不免幽幽的。

生活离不开读活书、读好书。三日不读,必定"语言乏味,面目可憎"。我愿好书源源不断,更愿朋友们青春常驻!

朋友是好书,读通了便为知己。而友谊来自交流,来自相互之间的沟通——伸出你的手,伸出我的手,我们永远是朋友。

1. "好友离别,恰如一本好书正读到精彩处被人凭空夺去一般的滋味,说不出是悲是喜是惊是怒。"请吟诵出两首关于好友离别的古诗。

2. "父母是教科书,爱人是工具书,同事是参考书,街坊邻里是报纸杂志……"你是怎样理解这个排比句的?

# 友　情

◆於梨华

人生犹如夏日池中漂流的荷叶，一面浸在冰冷水中——社会，一面承受无情烈日——家累，唯有荷叶中的水珠一粒——友情，使它不被烧枯，也不被沉溺。

童稚时的友情倏忽即逝，少年时的友情充满了梦幻的美丽，大学时代的友情不易寻觅，然而，一旦获得，它兼有少年的梦幻及青年的热诚，因而永存，即使经过长期的分离，重遇时它仍然充满了光彩。

归来，重访旧友，大家都改变了。当年的抱负仅存一袭遥远的梦衣，展开了的翼叶上攀牵着幼小的子女，欲飞不能，沉重地负荷着生活的担子。当年，当我们正乘着青春的翅膀回旋于大学的高空，俯视地面上熙攘的人们，我们会相顾而笑，笑里含着多少骄傲！因为我们知道：命运为我们安排的，必是一条与他们不同的路，路上只有玫瑰的花朵，绯色的蝴蝶与瑰丽的梦。而今，十年过去，我们重晤，不是在带着芬芳气息的高空，也不是在以玫瑰花瓣所铺的路，而是在切切实实的地面，挤在庸庸碌碌的队里，做着平平凡凡的世人。

当年的梦，未被忘却，当年的壮志宏愿，也仍在心中，然而我们一字不提，提的是当年共度的欢乐种种。

记否草山的夜？我们挤在狭窄的空室，忽略了山巅的夜色，也未顾及树梢的沉霭，而为了一个夜餐，忙碌了半个夜晚？另外的半个夜被喧闹填满，海阔天高的狂言，角落里的儿女私语，混合着田园交响曲的巨流，敲击着山巅的静夜、群鸟的安眠。当时的狂语今天已不复记忆，当年的恋人也不是今日的夫妻。但是当年的豪情与欢欣却永存不灭，像一丛绿草，点缀在枯燥的生活里，绿草丛中存在着我们的友情，提起来，一片温馨。

记否碧潭的夜，我们去露营？月色如荡妇的心，冰冷，但又充满媚惑。我们都似着了迷，划着小舟，捕捉水面上似月光一般迷惑的儿女之情。回到岸边燃着营火的地方。火光混合着年轻的热情，在肃静的夜里吐着红色的舌。我们围着火倚背而坐，一支又一支地唱着怀念故乡的歌。声已竭，意未尽，对着潭水，对着营火，我们坐谈到天明。当年的青春，今已老去，昔日的歌词，亦已模糊，舟中互诉的心曲，更不复记忆，但未被忘却的是当时的友情，像一条溪流，默默地灌溉着为生活奔波得苍老的心灵。

记否，记否……记否那无数次的共聚，无数次的欢游！无数次为小事而争，无数次为小和而喜？点滴小事，汇集成绿茵一块，草地即是我们的友情。分散后，各奔前程，奔走时，脱落一层层青春，一件件理想，奔完了一段生命的路，我们再相遇，相遇后，我们共访那未曾灌溉也忘了整理的友情绿地。它竟是安然无恙，我们惊喜，我们振奋。种草的人皆已失去当年的夺目光彩，而绿地则青翠如前。我们围它而坐，感激庆幸它的未曾改颜，因为在干枯的人生旅程中，它将永远供给我们新的慰藉，重燃我们将熄的希望。

亲情贴心，爱情缠绵，但友情醇厚，它不令人悲，不令人醉，而令人宽慰。亲情易惹伤感，爱情不易抛开重拾，一若以前。人生犹如夏日池中漂流的荷叶，一面浸在冰冷水中——社会，一面承受无情烈日——家累，唯有荷叶中的水珠一粒——友情，使它不被烧枯，也不被沉溺。

本文抒发了对大学生活的怀念之情。那时的友情有着年少的痴狂，有着年轻的热情，有着温馨浪漫。那是人一生中最美好的岁月。本文文笔优美，情真意切，时时牵动读者的情思。

1."记否草山的夜，记否碧潭的夜，记否，记否……"，作者对与朋友共度的欢乐记忆犹新，你还记得与你的朋友一起度过的快乐时光吗？

2.与亲情、爱情相比，作者列出了友情的长处，你能作具体的阐释吗？

93

# 乡  心

◆潘漠华

> 戴着黄卵金丝镶边的毡帽的几年前的阿贵，
> 在故乡流着泪的我亲爱的母亲，荒凉草满的死父
> 的墓地，低头缝衣的阿姊，隐约模糊的故乡的影
> 子，尽活泼地明鲜地涌上在我的回忆里，品南呢，
> 他也有他的愁虑。呵！缠绵的乡心。

阿贵今天忽然来看我们，这是出于意外的事。

他是一个青年木匠，住在离我乡 5 里路的溪口。他的父亲，也是木工。我 12 岁的时候，在外祖父家里过年。元旦闲着无事，外祖父坐着给我讲些故事。夕阳快要落山了，他指着那摆在厅堂中央的四方桌说："这是森友做的，做来已经十几年了，到现在还没有脱缝呢。"森友就是他的父亲。过了几年，我父亲要造座排五的房子，就去请了他父子来。他还有一个弟弟，年纪大约相差两三岁。那时我还和四五个弟妹在老屋楼上读书。夜里也要读三支香的时间才去睡。他时常趁着楼上有灯光，来到楼上吵闹。他那时是戴着黄卵金镶边的毡帽；狡狯的面孔，做出泡骨头的怪样子，时常嚷些不中听的鲁莽的粗糙的话。后来惹起弟妹的讨厌来，就央求祥兄把他赶下去。并禁止他不准再到这里来；甚至于说踏上楼梯一步，我们都要不肯罢休。他临走时，满面绯红，还假装作安常的神态，徐徐走下楼梯。走到梯末底几级，我们听得接连响着的他的急促的脚步声，知道他是不好意思了。我 17 岁时，在上陶小学校里教书，听说他是在悟正寺修理大殿；并听说他时常和别人打架。悟正寺离学校不到三里路，我时时散步到那寺里；但每回东西走了一转，木匠是有七八个在那里，他却一次也不曾遇到。不久我离开上陶到杭州来，关于他的消息，就一些不知道了。

我到杭州月余的一天午后，我正吃过了午饭，自己洗了碗，想走过轩间来。正走过那篱笆的尽头处，却听得有个杭州人的口气，喊着我在家乡通常称呼的乳名。我当时很觉得惊异，回头一看，如梦境里似的，认得是他了。他来杭州我是不知道的。他那天穿了一件旧蓝布的夹袄，腰里围了一条边缘破了的布裙；手里拿了一把作刀，在那儿修理那篱笆。我当时很高兴，就快快地走近他那儿去，问他几时来杭州的，现时住在哪里。他似乎一时说不出，凝着眼微笑地看着我。我们在那篱边，差不多谈了半个钟头。我才晓得他来杭州已经半年多了。他和他的老婆同来的。现

在是住在跟近西桥边的木店里；他就替那木店里做个伙计。但他来杭州的原因，老婆又是同来的，这因为不便详细问他，就没有晓得底细了。这还是前年秋天的事。后来过冬边，我到梅花碑去有事，在西街上逢着他，他是提着筍篮买菜。他问我几时回乡去，说有信托我带给他父亲。我当时告诉他我归家的行期，请他送信到我寓所里来。我们这样说就分别了。我要动身回家去的前几天，果然收到他奉他父亲的信。因为那天他送信来时，我正出外有事去，他就留下信去了。他这信是不封口的，我随手抽出信来看看，信上面是这样写着："父亲大人膝下：男到杭州快　年，身体安好，勿要挂念。你不要时常写信来，后来我会归来。男阿贵敬禀。12月22日。"这信后来是祥兄带去的。我因为临走时忽然病了，便留在杭州过年。

去年一年，我只逢着阿贵三回。第一回，是在正月里，我特为走到西桥边的木店里，去回话他托我带信的事体。我那时病已好了多日，就坐在那脚下堆满了木花的短凳上，看他一面工作，一面和我谈说些故乡的事情。他几次想放去墨斗，专来和我谈话，几次都被我阻止了。他说在杭州，是做不得好吃的，杭州房租又贵，这样大的一间屋，一月要一块钱的房租。他说时用曲尺在地上画了一个四方桌样大的圈子。我因为怕妨碍了他的工夫，坐不到一刻就走了。第二回，是在路上逢着，他问我讨几张旧报纸，没有说什么话。第三回，就是我送些旧报纸去，正值他立在门外，口里衔着纸烟。他接了旧报纸去，我就回来了，也没有说什么话。我此后也时常想起他，但也轻烟似的想起，轻烟似的放去，没有底细去推想他是怎样。

今年春天，品南也来杭州和我合住在一块。他是和阿贵同地方，两家隔了一条溪住着。他到杭州后几天，一切都安定了，我凑空就向他说起阿贵的事情。他忽然忆起他离家时阿贵的父亲向他说的话，就说："他现在是住在哪儿呢？他父亲叫他归家去哩。"我现在才晓得事情是这样的：阿贵父子三个，手艺虽然高妙，但家里人口多，年成又不好，做做总是不够吃用，每年要借贷些凑凑。到了前年春天，欠账就欠到满项颈了。他想尽管这样混下去，是不会有宽泰的日子过的。他于是就请了几位亲房来，给阿贵兄弟分家；将债账每人担负一半。阿贵本是个强项的后生，心想这样做去，将要终年劳苦，赚几个钱来充充利息，都不够了。于是他就打定主意，在一天的早晨，骗说到姑公家中去一去，就带同老婆一溜烟跑来杭州了。品南又说："他离家后，半年没有消息，父母都急煞，到处央人访问。直到下半年9月间，才知道他是在杭州。他父亲时常写信来叫他回去，但他总没有回信。后来过年边，才收到你祥兄带来的那封信。他的老婆，从小是他母亲养大的，他的母亲很疼爱她；现在他们还愁她被他卖掉呢。我来时，他父亲来和我说，叫我去劝动他，喊他回去。账呢，大都由他自己负担。说只要他回去就好了。"我们于是定后天去访他。

我自去年七八月会着他一次，后来就再没会面过。几次走过那西桥边的木店前，也看不见他在那儿工作。我们现在去访他，只有仍旧到那木店去探问。

我们走到那木店门口时，那小伙计就招呼了。因为我去过多次，他有点儿认识我。"你又来看你那位同乡吗？他久已不在这里了。他现在是在这里走过去，进了官桥隆兴当店间壁的一爿木店里。那儿是一间屋的门面，上手就是一爿新开的茶店。你们走去就可以晓得的。"当他这样殷勤地指导着的时候，旁边坐着一位老妈妈，似乎有些厌恶，几次口唇颤动，想来插嘴的样子；那小伙计却一面和我们说着，一面使眼色，止住她。

我们向那小伙计道谢后就出来，依他的话走去。走到了，我反向下面去寻，品南却早早看见他了，他背着身在工作。我们踏进门内走过他的身边时，他向后一看，才知道是我们来了。他慌慌放去墨斗，解开作裙，随意丢在作篮的背上；用手掸去粘在身上的木屑，口里连说："坐坐吧！坐坐吧！"他走到外面，回来手里拿着三支纸烟叫我们吸，我们因为从来没有抽过烟，只得回了他。他又跑进内房去，拿出一盒火柴，自己点了一支，放在嘴里。我们问他几时换到这里来的，现在住在哪里。他也问品南几时来的，乡里的情形怎样等等话。他说："那边，我已同他们闹过架儿。去年9月初到这里来做的。开始离了那木店，是搬住在骆驼桥边。才前几天，又搬到大东门直街去了。"

"你这里每天多少工钱呢？"品南这样问。

"工钱是比我们乡里多些，吃他的饭每天三角五。但做做也只靠一天供给一天。这里米一斤要一角二分大洋，柴要两个铜子一斤。去年我运气不好，时常害病，一年虽然做得90多块钱，弄得现在还欠了八九块的账。"

我们这样谈着，他那支纸烟也快要吸完了，他顺手把它丢到街心去。我当时凑空就说道："品南离家的时候，你的父亲和他说，叫你归家去做，他老人家很挂心你；现在账已都掉。还乡也可找着生意做，他叫你不要远离开家乡。你心中以为怎样？"品南也接着说："你的老婆，你母亲是很疼爱的，你自己也知道的。她现在日夜挂念着，总想她回去看看她。你父亲对我说，你如再不回去，他要自己到杭州来寻你。我想你省得他老人家想念，还是回去的好！"他听我们谈到这个问题，就低下头去，半晌不说话，两手只徐徐揩着那放在凳上的粗糙的木板。两次抬起头来，想说话，眼眶满含着眼泪，但都苦笑了一笑，又垂下去。后来他气急地说："前年初来的时候，东西寻不着生意做，却也想到还是不出来好。现在人地熟识了，也勉强可以支糊得过去。回去一次，路费要十几块，现在哪里有余钱呢？父亲叫他不要白费了钱，叫他不要来；后来我自然可以归去。你们以后逢着他们，尽可这样对他们说：'他在杭州很好，叫你们不要挂心；后来他自己会归来的。'你们只要这样对他们说就好了。"我们再想说几句，他就拦住道："我们到外面去耍子去，去耍子去。"我晓得他是不愿意谈归家的事情了。谈到这些事情，可以使他心痛。他现在面上已经火红，手指有些颤动，说话也有些不自然了。我们也就转了话柄说："不要去耍子罢。我们今夜没有事，还是到你家里去坐坐；晚饭后，你回家时来叫我们，我们在那里等你。"

"我屋里有什么好坐呢？像猪栏鸡笼一样的哩。待我来叫你们好了，你们一定要去。"我们走出门外来十多步，回头看看，他正在那里提转小襟，想拭眼泪。

那天晚饭后，我们就谈论着他的事情，等他来。品南说："他口里这样说，心肠不知怎样地回绕了！他在家时，时常和父亲阿弟赌气的；现在这里住了两年，觉得比较舒服些。他又是一个带有好汉气的后生，总想后来有钱再回去，也可以面上稍微过得去。现在这样叫他回去，他死也做不到的。"可是夜一刻一刻地过去了，他终于没有来。

阿贵那夜没有来。第二天，我们还谈起他好几回。第三四天，我们还时常想起；后来日子长久了，我们也漠漠然似乎忘记了。

他今天突然来寻我们，这是我们想不到的事。他今天是穿了一件丝罗缎的旧夹袄，下身穿了一条深蓝的粗布的裤子，裤脚缠了一双玄色的扎带。鞋面是有点破了，但已补上一块小青布，不仔细看，也认不出破痕来。他坐在靠放窗前的椅子上，品南斟了一杯茶放在他面前时，他半身立起，说句客气话。品南问他："今天不做生意吗？"他说有好几天没有做了。因为牙歯跟痛的旧病，近来又发了。有时痛到很厉害时，连说话行走都不能，只好安睡在床里。他说昨天觉得清爽些，所以今天来叫我们到他家里去。但他那天为什么说了来又不来的缘故，却没有说起。

我们才出门外几十步路，他就向着一家络丝的人家走去。当时我心想他就是住在这里的吗？他走到那门前，却立着向里面一个正在络丝的女人说："他们要到我们家里去呢。"我立刻就想起，那女人必定是他的老婆了。品南是认识的，我问他时，他向我点点头，那女人年纪约二十三四岁，披发弯弯地覆在额上，看去似乎和善，但又觉得有几分粗笨。她当时在衣袋里拿出一串锁匙来，交给阿贵，阿贵向后招呼了我们一声，再向东平巷走去。我在路上问她络丝的事情。他说："她来到这里络丝，才三四天。每天早晨天一亮，就要吃了早餐到这里来，夜深了才回去。她现在每天也可得 1 角 5 分钱的工资，听说后来可落得四五角钱一天。但我不愿她多辛苦，她身体也很软弱的，三日两头有病。"

我们转了几个弯，走入一条小巷里，他在一个小门前停住了，回首向我们说："就是这里。"我们随着他进去，经过狭隘的一条弄堂，向左手转弯去，他在那转角的一间屋前用那锁匙开门了。这里面住着不止一家，蓬头乱发的妇人和污手垢面的小孩，不时在厢门口出入。天井是狭长的一条。这边没有垃圾和石砾堆着；那边便满是破饭甑碎碗片和一堆堆的断砖残瓦。那朝东的檐下街沿上，却放着一个人样高的破凳，上面放着栽在破竹篮里的几篮菊花，现在还正在抽芽，细小的嫩绿的叶片，可使人发出惊异的赞美。

他把门推开，我们就跨进门内。里面是很狭仄的。靠墙壁沿，放着一个新做的桌。桌上放着酒壶，饭碗和筷子一类的东西。那桌角放着一个发刷，刨花也浸在一碗浅水里，放在旁边。桌下放着一个长凳。再那边就是风生炉，泥灶、铁钳一类烹饪用的杂具。靠墙边那屋柱上，挂着一把铜丝锯。这些东西，表面看去似乎零乱；但却也都很清洁，放置着有一定疏散的秩序。我们进去时，他用手指着间壁说："那边也是这样大的一间房子，就是我们的卧房。出乡来，也总如此住住，究竟有什么好呢？"

"我想你还是回去好！"品南趁机又这样说。

他面上就立刻微红起来，头转向外面看住天井，低声颤抖地说："我现在是不能回去。等我运气稍为好些，等我积蓄几个钱起来，再回去看看他们也不迟。但我在家时，父母也太看不起我了！现在他们挂念我，也难怪他们的！我到这里来已过了两个年了！"他用手轻轻抹去眼泪。各人的心头，都深沉的怆凉的缠绵着乡愁。

那天别了他归来，已是上灯火的时候，晚饭都预备好放在桌上，可是我们的肚里，总觉得非常的饱闷，不想再吃什么东西。

戴着黄卵金丝镶边的毡帽的几年前的阿贵，在故乡流着泪的我亲爱的母亲，荒凉草满的死父的墓地，低头缝衣的阿姊，隐约模糊的故乡的影子，尽活泼地明鲜地涌上在我的回忆里，品南呢，他也有他的愁虑。呵！缠绵的乡心。

文章记叙了一个倔强而纯朴的木工——阿贵。他的倔强，自小就是这样的。在家乡的时候，由于顽皮淘气，被我们几个小伴赶下楼梯时，他"装作安常的神态，徐徐走下楼梯"。在杭州做工，再苦再累都硬撑着，不做出点样子来不肯回去。但他的心里，时刻在惦念着家乡和家乡的亲人，每次跟"我"讲到回去的事，他的眼眶总是红红的，倔强的性情跃然纸上，一颗浓厚的乡心跃然纸上。

1.作者写出了缠绵的乡心(乡愁)，在悠悠乡愁里也透出作者与阿贵他们悠远的友情，你读出来了吗？

2.从阿贵的遭遇可看出当时的社会状况如何？

我把所有我欣赏的可以用来评价一个人的话都写了出来：一个勇于挑战的人，一个才华横溢的人，一个成功的人，一个富有的人，一个被很多人爱戴的人，一个充满爱心的人……

金色的碑文

岛是停泊的船

船是飘浮的岛

岛的心一半在船上

船的心一半在岛上

# 隔海相望的友情

◆周　明

一个人应当像一朵花，不论男人或女人。花有色、香、味，人有人头、情、趣，三者缺一便不能做人家的一个好朋友。我的朋友之中，男人中只有实秋最像一朵花……

　　梁实秋先生离开故园北京将近40年了。40年，是一个多么漫长的岁月！然而北京时常在他的梦中，北京时刻在他的心中。北京有他的亲人，有他的骨肉同胞，有他的同窗好友，有他青年时代的许许多多的朋友。他深深地思念北京。

　　在北京，我曾有幸接触过梁先生的长女梁文茜，她是北京一位出色的律师。1949年后，由于大家理解的缘由，海峡两岸信息隔断，父女天各一方，思念情深，痛苦异常。后来，情况稍有松动，1971年夏天，父女两人便急切相约在美国会面。那是一场感人的情景。梁文茜给她父亲捎去了北京东城内务部街梁先生故居四合院里枣树上的大红枣。先生爱不释手，老泪纵横。事后梁实秋先生将这红枣带回台湾，浸泡于玻璃杯中，供奉案头，足见思乡之情深！我还见到一帧梁先生在他台湾寓所的照片，昂首站在一幅北京故居图画之前，遥望着远方。他在遥望着哪里呢？——自然是北京。他多么想早早地返回故都，再好好地看看北京，看看那座他日思夜梦的故园四合院，看看许许多多他苦苦思念的老朋友们。

　　他于1987年10月3日在台湾突然去世，不仅使台北的亲友们，也使远在北京的亲友们十分悲痛，十分惋惜。他原拟次年回大陆，走北京，探亲访友。

　　冰心便是这感到痛惜者中的一位。这位当时已是87岁高龄的老人，由于失去老朋友，竟在短短的一个月时间连续写了两篇悼念文字。一篇是《悼念梁实秋先生》，发表在《人民日报》；一篇是《忆实秋》，刊登在上海《文汇报》。看得出两篇文章冰心均是和泪而作。

　　冰心老人第二篇文章脱稿时，我正好去看望她，成为这篇文章的第一个读者。我被这两位文学前辈的友情深深感动。许是冰心老人刚刚完成这篇悼念文字，许多往事涌上心头，她这才给我讲述了她和梁实秋先生的相遇、相交到相知的漫长的故事……

　　原来梁实秋是冰心丈夫吴文藻在清华学校的同班同学。

　　1923年，在赴美留学的途中，梁实秋与冰心在"杰克逊总统"号的甲板上不期

**101**

而遇,介绍人是作家许地山。当时,两人寒暄一阵之后,梁实秋问冰心:

"您到美国修习什么?"

冰心答曰:"文学。"

"您修习什么?"她反问。

梁实秋答:"文学批评。"

就在这之前,冰心的新诗《繁星》《春水》在北京《晨报》副刊发表后,风靡一时。梁实秋在《创造周报》第102期(1923年)上刚好写过一篇文章:《繁星与春水》。那时两人尚未谋面,不想碰巧在船上相遇。在海船上摇晃了十几天,许地山、顾一樵(顾毓琇)、梁实秋、谢冰心几个都不晕船,便兴致勃勃地在船上办了一份文学壁报叫《海啸》,张贴在客舱入口处,招来了不少旅客观看。后来他们选了14篇作品,送给国内的《小说月报》,作为一个《海啸》专辑,发表在第11期上。其中有冰心的诗三首:《多愁》《惆怅》《纸船》。

到美国后,冰心进了威尔斯利女子大学。一年之后梁实秋转到哈佛大学。因为同在波士顿地区,相距约一个多小时火车的路程,他们常常见面。每月一次的"湖社"讨论会期间,他们还常常一起泛舟于美丽的诺伦华加湖。当时波士顿一带的中国留学生在当地的"美术剧院"演出了《琵琶记》,剧本是顾一樵改写的,由梁实秋译成英文,用英语演出。梁实秋饰蔡中朗,谢文秋饰赵五娘,顾一樵演宰相,冰心扮宰相之女。演出在当地颇为轰动。后来许地山从英国给顾一樵写信说:"实秋真有福,先在舞台上做了娇婿。"冰心也调侃梁实秋说:"朱门一入深似海,从此秋郎是路人。"说到此,冰心老人说:这些青年时代留学生之间彼此戏谑的话,我本是从来不说的,如今许地山和梁实秋都已先后作古,我自己也老了,回忆起来,觉得这都是一种令人回味的幽默和友情。

冰心老人说,梁实秋很重感情,很恋家。在"杰克逊总统"号轮船上时,他就对冰心说:我在上海上船以前,同我的女朋友话别时,曾大哭一场。这个女朋友就是后来的夫人程季淑女士。

1926年梁实秋与冰心先后回国。冰心同吴文藻先生结婚后,就住在任教的母校——燕京大学校园内。梁实秋回国后在北京编《自由评论》,冰心替他写过"一句话"的诗,也译过斯诺夫人海伦的长诗《古老的北京》。这些诗作她都没有留底稿,还是细心的梁实秋好多年后捡出底稿寄还给她。

冰心还清楚地记得,1929年她和吴文藻结婚不久,有天梁实秋和闻一多到他们燕南园的新居,进门后先是楼上楼下走了一遭,环视一番,忽然两人同时站起,笑着说:我们出去一会儿就来。不料,他们回来时,手里拿着一包香烟,戏笑说,你们屋子内外一切布置都不错,就是缺少待客的烟和茶。因为冰心夫妇都不抽烟,招待他们喝的又是白开水。冰心说，亏得他们提醒，此后我们随时都在茶几上准备了待客的烟和茶。

不久后，梁实秋夫妇去了上海。梁实秋在光华、中国公学两处兼课。大约在1930年，梁实秋应青岛大学之邀去了青岛，一住四年。梁实秋知道冰心从小随海军服役的父亲在烟台海边长大，喜欢海，和海洋有不解之缘，便几次写信约冰心去青岛。信中告诉冰心，他怎样陪同太太带着孩子到海边捉螃蟹、掘沙土、捡水母、听灯塔呜呜叫、看海船冒烟在天边逝去……用这些话吸引冰心到青岛去。冰心也真的动了心，打算去，可惜后来因病未能成行。倒是吴文藻借去山东邹平开会之便，到梁实秋处盘桓了几天。

他们接触频繁乃是在20世纪40年代初的大后方。当时冰心一家借住在重庆郊外的歌乐山；梁实秋因为夫人程季淑病居北平，就在北碚和吴景超、龚业雅夫妇同住一所建在半山上的小屋。歌乐山在重庆附近算是风景秀美的地方，冰心的居处也是在一个小小的山头上。房子，可以说是座洋房，不过墙是泥抹的，窗户很小很小，里面黑乎乎的，光线不好，也很潮湿，倒是门外的几十棵松树增添了风光。

如果要造访梁实秋，必须爬上几十层的台阶。为方便送信的邮差，梁实秋在山下竖立一块牌子，名曰：雅舍。这雅舍的雅名，他一直用到了台湾。那时，梁实秋由于一个人在重庆，空余时间拼命写文章。这个时期他发表的文章最多，大多数是刊登在清华同学刘英士编的《时代评论》上。

1940年有次冰心去看梁实秋时为雅舍题词说："一个人应当像一朵花，不论男人或女人。花有色、香、味，人有人义、情、趣，三者缺一便不能做人家的一个好朋友。我的朋友之中，男人中只有实秋最像一朵花……"

抗战胜利后，冰心和吴文藻到了日本。梁实秋先是回北平，后于1949年6月到了台湾，先是在"国立"编译馆任职，后任"国立师大"教授。这期间他们也常通信。冰心在她日本高岛屋的寓所里，还特意挂着梁实秋送她的一幅字。

1951年，吴文藻和冰心夫妇回到祖国，定居北京。与梁实秋之间，虽然不像在海外时通信那么方便了，然而，他们依旧相互关注着。直到1966年那场风云突变的"文革"风暴袭来，一切才骤然隔绝了。远在台湾的梁实秋，于1969年的一天，突然从老友顾一樵先生处得悉：冰心和老舍在"文革"中先后自尽，又从台湾《作品》杂志上谢冰莹的文章中看到："冰心和她的丈夫吴文藻双双服毒自杀了"，一时间，梁实秋悲恸不已，提笔写下了《忆冰心》《忆老舍》的血泪文字，以悼念故友。

后来这篇文章辗转到了冰心手里，她看后自然十分感动，立刻写了一封信，托人从美国转给梁实秋。信中，冰心说：那是谣言。感谢友人的念旧。她希望梁实秋回来看看，看看他们两人的实际生活，看看他自己的儿女和冰心的儿女们工作和生活的情况。她告诉他：北京大变样了！他爱吃的东西，依然可以吃到；他玩过或没玩的地方，都是更好更美了。总之，百闻不如一见，眼见为实。大家都 80 岁以上的人了。回来畅谈畅游一下，如何？信末冰心还深情地说：我和文藻和你的儿女们都在等你！

然而结果等待来的不是离开家园 40 年的风雨故人，而是梁实秋先生不幸逝世的噩耗。且正是先生决定归来之时。

冰心得知梁实秋不幸逝世的消息后，十分难过。消息是梁先生在北京的女儿当日告知冰心的。冰心感慨万端，她说："梁实秋是著名作家和翻译家，是文藻的同班同学，也是我们的好朋友。他原籍浙江，出生在北京，对北京很有感情。我们希望他回来，听说他也想回来，就在他做出归计之前，突然逝世了。我和实秋阔别几十年，我在祖国的北京，他在宝岛台湾，隔海相望，虽说不得相见，可彼此心里都有。我也常常想念他，想起我们的以往。实秋身体一直很好，不像我那么多病。想不到他'走'到了我的前头，这真太使人难过和遗憾了！实秋是我一生知己，一生知己哪！……"

这是一篇怀念梁实秋先生的文章。本文叙述了两位文学前辈梁实秋和冰心的真挚友情，讲述了他们从相遇、相交到相知的故事。在字里行间流露出梁实秋先生对故园的深深思念，对梁先生最终未能回到北京表示了深深的遗憾。

1.冰心为什么说在她的男性朋友中，梁实秋最像一朵花？

2.由于与鲁迅先生不和及政治方面的原因，大陆对梁实秋的评价一直偏低，只是近十多年来有所改观。你不妨多读些他的作品，并查阅他的资料，然后写一篇短文，对梁实秋作一个较中肯的评价。

# 永在的温情

◆郑振铎

> 他并没有去。他的温情永在我的心头——也
> 永在他的一切友人的心上,我相信。

10 月 19 日下午 5 点钟,我在一家编译所一位朋友的桌上,偶然拿起了一份刚送来的 Evening Post,被这样的一个标题:"中国的高尔基今晨 5 时去世"惊骇得一跳。连忙读了下来,这惊骇变成了事实:果然是鲁迅先生去世了!

这消息像闪雷似的,当头打了下来,我呆坐在那里不言不动。

谁想得到这可怕的噩耗竟这样的突然的来呢?

鲁迅先生病得很久了,间歇地发着热,但热度并不甚高。一年以来,始终不曾好好地恢复过;但也从不曾好好地休息过。半年以来,情形尤显得不好。缠绵在病榻上总有三四个月。朋友们都劝他转地疗养。他自己也有此意。前一个月,听说他要到日本去。但茅盾告诉我,双十节那一天还遇见他在 Isis 看 Dobrovsky;中国木刻画展览会,他也曾去参观。总以为他是渐渐的复原了,能够出来走走了。谁又想得到这可怕的噩耗竟这样突然的来呢?

刚在前几天,他还有信给我,说起一部书出版的事,还附带地说,想早日看见《十竹斋笺谱》的刻成。我还没有来得及写回信。

谁想得到这可怕的噩耗竟这样的突然的来呢?

我一夜不曾好好的安心地睡。

第二天赶到万国殡仪馆,站在他遗像的面前,久久的走不开。再一看,他的遗体正在像下,在鲜花的包围里,面貌还是那么清癯而带些严肃,但双眼却永远地闭上了。

我要哭出来,大声地哭,但我那时竟流不出眼泪,泪水为悲戚所灼干了。我站在那里,久久走不开。我竟不相信,他竟是那样突然的便离我们而远远地向不可知的所在而去了。

但他的友谊的温情却是永在的,永在我的心上——也永在他的一切友人的心上,我相信。

初和他见面时,总以为他是严肃的冷酷的。他的瘦削的脸上,轻易不见笑容。他的谈吐迟缓而有力,渐渐地谈下去,在那里面你便可以发现其可爱的真挚,热情的鼓励与亲切的友谊。他虽不笑,他的话却能引你笑。他是最可谈、最能谈的朋友,

你可以坐在他客厅里,他那间书室(兼卧室)里,坐上半天,不觉得一点拘束、一点不舒服。什么话都谈。但他的话头却总是那么有力。他的见解往往总是那么正确。你有什么怀疑,不安,由于他的几句话也许便可以解决你的问题,鼓起你的勇气。

失去了这样的一位温情的朋友,就个人讲,将是怎样的一个损失呢?

他最勤于写作,也最鼓励人写作。他会不惮其烦几天几夜地在替一位不认识的青年,或一位不深交的朋友,改削创作,校正译稿。其仔细和小心远过于一位私塾的教师。

他曾和我谈起一件事:有一位不相识的青年寄一篇稿子来请求他改。他仔仔细细改了寄回去。那青年却写信来骂他一顿,说被改涂得太多了。第二次又寄一篇稿子来,他又替他改了寄回去。这一次的回信,却责备他改得太少。

"现在做事真难极了!"他慨叹地说道。对于人的不易对付和做事之难,他这几年来时时深切地感到。

但他并不灰心,仍然在做着吃力不讨好的改削创作、校正译稿的事,挣扎着病躯,深夜里,仔仔细细地为不相识的青年或不深交的朋友在工作。

这样的温情的指导者和朋友,一旦失去了,将怎样的令人感到不可补赎之痛呢!

他所最恨的是那些专说风凉话而不肯切实的做事的人。会批评,但不工作;会讥嘲,但不动手;会傲慢自夸,但永远拿不出东西来,像那样人物,他是不客气的要摈之门外,永不相往来的。所谓无诗的诗人,不写文章的文人,他都深诛痛恶的在责骂。

他常感到"工作"的来不及做,特别是在最近一两年,凡做一件事,都总要快快地做。

"迟了恐怕要来不及了。"这句话他常在说。

那样的清楚的心境,我们都是同样的深切地感到的。想不到他自己真的便是那么快的便逝去,还留下要做的许多事没有来得及做——但,后死者却要继续他的事业下去的!

我和他第一次的相见是在同爱罗先诃到北平去的时候。

他着了一件黑色的夹外套,戴着黑色呢帽,陪着爱罗先诃到女师大的大礼堂里去,我们匆匆谈了几句话。因为自己不久便回到南边来,在北平竟不曾再见一次面。

后来,他自己说,他那件黑色的夹外套,到如今还有时着在身上。

我编《小说月报》的时候,曾不时通信向他要些稿子。除了说起稿子的事,别的该也没有什么。

最早使我笼罩在他温热的友情之下的，是一次讨论到"三言"问题的信。

我在上海研究中国小说，完全像盲人骑瞎马，乱闯乱摸，一点凭借都没有，只是节省着日用，以浅浅的薪入购书，而即以所购入之零零落落的破书，作为研究的资源。那时候实在贫乏得，肤浅得可笑，偶尔得到一部原版的《隋唐演义》却以为是了不得的奇遇，至于"三言"之类的书，却是连梦魂里也不曾读到。

他的《中国小说史略》的出版，减少了许多我在暗中摸索之苦。我有一次写信问他《醒世恒言》《警世通言》及《喻世名言》的事，他的回信很快便来了，附来的是他抄录的一张《醒世恒言》的全目。——这张目录我至今还保全在我的一部中国小说史略里。他说，《喻世》《警世》，他也没有见到。《醒世恒言》他只有半部。但有一位朋友那里藏有全书，所以他便借了来，抄下目录寄给我。

当时，我对于这个有力的帮助，说不出应该怎样的感激才好。这目录供给了我好几次的应用。

后来，我很想看看《西湖二集》（那部书在上海是永远不会见到的），又写信问他有没有此书。不料随了回信同时递到的却是一包厚厚的包裹。打开了看时，却是半部明末版的《西湖二集》，附有全图。我那时实在眼光小得可怜，几曾见过几部明版附插图的平话集，见了这《西湖二集》为之狂喜！而他的信道，他现在不弄中国小说，这书留在手边无用，送了给我吧。这贵重的礼物，从一个只见一面的不深交的朋友那里来，这感动是至今跃跃在心头的。

我生平从没有意外的获得。我的所藏的书，一部部都是很辛苦的设法购得的；购书的钱，都是中夜灯下疾书的所得或减衣缩食的所余。一部部书都可看出我自己的夏日的汗，冬夜的凄栗，有红丝的睡眼，右手执笔处的指端的硬茧和酸痛的右臂。但只有这一集可宝贵的书，乃是我书库里唯一的友情的赠与——只有这一部书！

现在这部《西湖二集》也还堆在我最珍爱的几十部明版书的中间，看了它便要泫然泪下。这可爱的直率的真挚的友情，这不意中的难得的帮助，如今是不能再有了！

但我心头的温情是永在的！——这温情也永在他的一切友人的心上，我相信。

"九一八"以后，他到过北平一趟，得到青年人最大的热烈的欢迎。但过了几天，便悄悄地走了。他原是去探望他母亲的病去的，我竟来不及去看他。

但那一年寒假的时候，我回到上海，到他寓所时，他便和我谈起在北平的所获。

"木刻画如今是末路了，但还保存在笺纸上。不过，也难说，保全得不会久。"他深思地说道。

他搬出不少的彩色笺纸来给我看，都是在北平时所购得的。

"要有人把一家家南纸店所出的笺纸，搜罗了一下，用好纸印刷个几十部，作为笺谱，倒是一件好事。"他说道。

过了一会儿，他又道："这要住在北平的人方能做事，我在这里不能做这事。"

我心里很跃动，正想说："那么，我来做吧。"而他慢吞吞地续说道："你倒可以做，要是费些工作，倒可以做。"

我立刻便将这责任担负了下来，但说明搜罗而得的笺纸，由他负选择之责。我相信他的选择要比我高明得多。

以后，我一包一包的将购得的笺样送到上海，经他选择后，再一包一包的寄回。

中间，我曾因事把这工作停顿了两三个月。他来信说："这事我们得赶快做，否则，要来不及做，或轮不到我们做。"

在他的督促和鼓励之下，那六巨册的美丽的《北平笺谱》方才得以告成。

有一次，我到上海来，带回了亡友王孝慈先生所藏的《十竹斋笺谱》四册，顺便的送到他家里给他看。

这部谱，刻得极精致，是明末版画里最高的收获。但刻成的年月是崇祯十六年的夏天，所以流传得极少。

"这部书似也不妨翻刻一下。"我提议道。那时，我为《北平笺谱》的成功所鼓励，勇气有余。

"好的，好的，不过要赶快做！"他道。

想不到全部要翻刻，工程浩大无比，所耗也不资，几乎不是我们的力量所及。第一册已出版了，第二册也刻好待印；而鲁迅先生却等不及见到第三册以下的刻成了！

对于美好的东西，似乎他都喜爱。我曾经有过一个意思，要集合六朝造像及墓志的花纹刻为一书。但他早已注意及此了。他告诉我说，他所藏的六朝造像的拓本也不少，如今还在陆续买。

他是最能分别得出美与丑，永远的不朽与急就的草率的。

除了以朽腐为神奇，而沾沾自喜，向青年们施以毒害的宣传之外，他对于古代的遗产，决不歧视，反而抱着过分的喜爱。

他曾经告诉过我，他并不反对袁中郎；中郎是十分方巾气的，这在他文集里便可见。他所厌弃、所斥责的乃是只见中郎的一面，而恣意鼓吹着的人物。

京平刚从鲁迅先生那里得到最大的鼓励，他感激得几乎哭出来。但想不到鲁迅竟这样的突然的过去了!

第三天我在万国殡仪馆门口遇见他;他的嘴唇在颤动,眼圈在红。

从万国公墓归来后,他给我一封信道:"我心已经分裂。我从到达公墓时,就失去了约束自己的力量,一直到墓石封合了!我竟痛哭失声。先生,这是我平生第一痛苦的事了,他匆匆地瞥了我一眼,就去了——"

但他并没有去。他的温情永在我的心头——也永在他的一切友人的心上,我相信。

心灵体验

这是一篇纪念和回忆鲁迅先生的文章。作者强忍住泪水,用低沉的调子诉说着失去一个温情的朋友给自己带来的悲痛和损失,他回忆了自己与鲁迅先生的交往,在工作和个人事业上得到的提携和帮助,字里行间流露出对鲁迅先生由衷的崇敬的爱戴之情。

放飞思维

1.鲁迅先生对青年人写信草率深恶痛绝,为什么还要读这些青年的信?

2.根据全文内容,概括鲁迅先生的性格特点。

3.学习作者准确而传神的细节描写手法,以自己熟悉的人物为对象,写一个500字左右的片段。

# 忆白石老人

◆艾 青

> 他有一双显微镜的眼睛，早年画的昆虫，纤毫毕露，我看见他画的飞蛾，伏在地上，满身白粉，头上有两瓣触须；他画的蜜蜂，翅膀好像有嗡嗡的声音；画知了、蜻蜓的翅膀像薄纱一样；他画的蚱蜢，大红大绿，很像后期印象派的油画。

1949 年我进北京城不久，就打听白石老人的情况，知道他还健在，我就想看望这位老画家。我约了沙可夫和江丰两个同志，由李可染同志陪同去看他，他住在西城跨车胡同 13 号。进门的小房间住了一个小老头子，没有胡子，后来听说是清皇室的一名小太监，给他看门的。

当时，我们三个人都是北京军事管制委员会的文化接管委员，穿的是军装，臂上戴臂章，三个人去看他，难免要使老人感到奇怪。经李可染介绍，他接待了我们。我马上向前说："我在 18 岁的时候，看了老先生的四张册页，印象很深，多年都没有机会见到你，今天特意来拜访。"

他问："你在哪儿看到我的画？"

我说："1928 年，已经 21 年了，在杭州西湖艺术院。"

他问："谁是艺术院院长？"

我说："林风眠。"

他说："他喜欢我的画。"

这样他才知道来访者是艺术界的人，亲近多了，马上叫护士研墨，戴上袖子，拿出几张纸给我们画画。他送了我们三个人每人一张水墨画，两尺琴条。给我画的是四只虾，半透明的，上画有两条小鱼。题款：

"艾青先生雅正八十九岁白石"，印章"白石翁"，另一方"吾所能者乐事"。

我们真高兴，带着感激的心情和他告别了。

我当时是接管中央美术学院的军代表。听说白石老人是教授，每月到学校一次，画一张画给学生看，作示范表演。有学生提出要把他的工资停掉。

我说："这样的老画家，每月来一次画一张画，就是很大的贡献。日本人来，他没有饿死，国民党来，也没有饿死，共产党来，怎么能把他饿死呢？"何况美院院长徐悲鸿非常看重他，收藏了不少他的画，这样的提案当然不会采纳。

老人一生都很勤奋，木工出身，学雕花，后来学画。他已画了半个多世纪了，技巧精练，而他又是个爱创新的人，画的题材很广泛：山水人物、花鸟虫鱼。没有看见他临摹别人的。他具有敏锐的观察力，记忆力特别强，能准确地捕捉形象。他有一双显微镜的眼睛，早年画的昆虫，纤毫毕露，我看见他画的飞蛾，伏在地上，满身白粉，头上有两瓣触须；他画的蜜蜂，翅膀好像有嗡嗡的声音；画知了、蜻蜓的翅膀像薄纱一样；他画的蚱蜢，大红大绿，很像后期印象派的油画。

他画鸡冠花，也画牡丹，但他和人家的画法不一样，大红花，笔触很粗，叶子用黑墨只几点；他画丝瓜、倭瓜；特别爱画葫芦；他爱画残荷，看看很乱，但很有气势。

有一张他画的向日葵。题：

"齐白石居京师第八年画"，印章"木居士"。题诗：

"茅檐矮矮长葵齐，雨打风摇损叶稀。干旱犹思晴畅好，倾心应向日东西。白石山翁灯昏又题。"印章"白石翁"。

有一张柿子，粗枝大叶，果实赭红，写"杏子坞老民居京华第十一年矣，丁卯"，印章"木人"。

他也画山水，没有见他画重峦叠嶂，多是平日容易见到的。他一张山水画上题：

"予用自家笔墨写山水，然人皆余为糊涂，吾亦以为然。白石山翁并题。"印章"白石山翁"。

后在画的空白处写"此幅无年月，是予二十年前所作者，今再题。八十八白石"，印章"齐大"。

事实是他不愿画人家画过的。

我在上海朵云轩买了一张他画的一片小松林，二尺的水墨画，我拿到和平书店给许麟庐看，许以为是假的，我要他一同到白石老人家，挂起来给白石老人看。我说："这画是我从上海买的，他说是假的，我说是真的，你看看……"他看了之后说："这个画人家画不出来。"署名齐白石，印章是"白石翁"。

我又买了一张八尺的大画，画的是没有叶子的松树，结了松果，上面题了一首诗："松针已尽虫犹瘦，松子余年绿似苔。安得老天怜此树，雨风雷电一起来。阿爷尝语，先朝庚午夏，星塘老屋一带之松，为虫食其叶。一日，大风雨雷电，虫尽灭绝。丁巳以来，借山馆后之松，虫食欲枯。安得庚午之雷雨不可得矣。辛酉春正月画此并题记之。三百石印富翁围五过都门。"下有八字："安得之安字本欲字"。印章"白石翁"。

他看了之后竟说："这是张假画。"

我却笑着说："这是昨天晚上我一夜把它赶出来的。"他知道骗不了我，就说：

我拿两张画换你这张画。"我说:"你就拿 20 张画给我,我也不换。"他知道这是对他画的赞赏。

这张画是他 70 多岁时的作品。他拿了放大镜很仔细地看了说:"我年轻时画画多么用心啊。"

一张画了九只麻雀在乱飞。诗题:

"叶落见藤乱,天寒入鸟音。老夫诗欲鸣,风急吹衣襟。枯藤寒雀从未有,既作新画,又作新诗。借山老人非懒辈也。观画者老何郎也。"印章"齐大"。看完画,他问我:"老何郎是谁呀?"

我说:"我正想问你呢。"他说:"我记不起来了。"这张画是他早年画的,有一颗大印"甑屋"。

我曾多次见他画小鸡,毛茸茸,很可爱;也见过他画的鱼鹰,水是绿的,钻进水里的,很生动。

他对自己的艺术是很欣赏的,有一次,他正在画虾,用笔在纸上画了一根长长的头发粗细的须,一边对我说:"我这么老了,还能画这样的线。"

他挂了 3 张画给我看,问我:"你说哪一张好?"我问他:"这是干什么?"他说:"你懂得。"

我曾多次陪外宾去访问他,有一次,他很不高兴,我问他为什么,他说外宾看了他的画没有称赞他。我说:"他称赞了,你听不懂。"他说他要的是外宾伸出大拇指来。他多天真!

他 93 岁时,国务院给他做寿,拍了电影,他和周恩来总理照了相,他很高兴。第二天画了几张画作为答谢的礼物,用红纸签署,亲自送到几个有关的人家里。送我的一张两尺长的彩色画,画的是一筐荔枝和一枝枇杷,这是他送我的第二张画,上面题:

"艾青先生齐璜白石九十三岁",印章"齐大",另外在下面的一角有一方大的印章"人犹有所憾"。

他原来的润格,普通的画每尺 4 元,我以 10 元一尺买他的画,工笔草虫、山水、人物加倍,每次都请他到饭馆吃一顿,然后用车送他回家。他爱吃对虾,据说最多能吃 6 只。他的胃特别强,花生米只一咬成两瓣,再一咬就往下咽,他不吸烟,每顿能喝一两杯白酒。

一天,我收到他给毛主席刻的两方印子,阴文阳文都是毛泽东(他不知毛主席的号叫润之)。我把印子请毛主席的秘书转交。毛主席为报答宴请他一次,由郭沫若作陪。

他所收的门生很多,据说连梅兰芳也跪着磕过头,其中最出色的要算李可染。

李原在西湖艺术院学画,素描基础很好,抗战期间画过几个战士被日军钉死在墙上的画。李在美院当教授,拜白石老人为师。李有一张画,一头躺着的水牛,牛背脊梁骨用笔下来,气势很好,一个小孩赤着背,手持鸟笼,笼中小鸟在叫,牛转过头来听叫声……

白石老人看了这张画,题了字:

"心思手作不愧乾嘉间以后继起高手。八十七岁白石甲亥。"印章"白石题跋"。

一天,我去看他,他拿了一张纸条问我:"这是个什么人哪,诗写得不坏,出口能成腔。"我接过来一看是柳亚子写的,诗里大意说:"你比我大12岁,应该是我的老师。"我感到很惊奇地说:"你连柳亚子也不认得,他是中央人民政府的委员。"他说:"我两耳不闻天下事,连这么个大人物也不知道。"感到有些愧色。

我在给他看门的太监那儿买了一张小横幅的字,写着:"家山杏子坞,闲行日将夕。忽忘还家路,依着牛蹄迹。"印章"阿芝",另一印"吾年八十一矣"。我特别喜欢他的诗,生活气息浓,有一种朴素的美。早年,有人说他写的诗是薛蟠体,实在不公平。

我有几次去看他,都是李可染陪着,这一次听说他搬到一个女弟子家——是一个起义的将领家。他见到李可染忽然问:"你贵姓?"李可染马上知道他不高兴了,就说:"我最近忙,没有来看老师。"他转身对我说:"艾青先生,解放初期,承蒙不弃,以为我是能画几笔的……"李可染马上说:"艾先生最近出国,没有来看老师。"他才平息了怨怒。他说最近有人从香港来,要他到香港去。我说:"你到香港去干什么?那儿许多人是从大陆逃亡的……你到香港,半路上死了怎么办?"他说:"香港来人,要了我的亲笔写的润格,说我可以到香港卖画。"他不知道有人骗去他的润格,到香港去卖假画。

不久,他就搬回跨车胡同13号了。

我想要他画一张他没有画过的画,我说:"你给我画一张册页,从来没有画过的画。"他欣然答应,护士安排好了,他走到画案旁边画了一张水墨画:一只青蛙往水里跳的时候,一条后腿被草绊住了,青蛙前面有三个蝌蚪在游动,更显示青蛙挣不脱去的焦急。他很高兴地说:"这个,我从来没有画过。"我也很高兴。他问我题什么款。我说:"你就题吧,我是你的学生。"他题:

"青也吾弟小兄璜时同在京华深究画法九十三岁时记齐白石"。

一天,我在伦池斋看见了一本册页,册页的第一张是白石老人画的:一个盘子放满了樱桃,有五颗落在盘子下面,盘子在一个小木架子上。我想买这张画。店主人说:"要买就整本买。"我看不上别的画,光要这一张,他把价抬得高高的,我没有买;马上跑到白石老人家,对他说:"我刚才看了伦池斋你画的樱桃,真好。"他问:

"是怎样的?"我就把画给他说了,他马上说:"我给你画一张。"他在一张两尺的琴条上画起来,但是颜色没有伦池斋的那么鲜艳,他说:"西洋红没有了。"

画完了,他写了两句诗,字很大:

"若教点上佳人口言事言情总断魂"

他显然是衰老了,我请他到曲园吃了饭,用车子送他回到跨车胡同,然后跑到伦池斋,把那张册页高价买来了。署名"齐白石",印章"木人"。

后来,我把画给吴作人看,他说某年展览会上他见过这张画,整个展览会就这张画最突出。

有一次,他提出要我给他写传。我觉得我知道他的事太少,他已经90多岁了,我认识他也不过最近七八年,而且我已经看了他的年谱,就说:"你的年谱不是已经有了吗?"我说的是胡适、邓广铭、黎锦熙三人合写的,商务印书馆出版的《齐白石年谱》。他不作声。

后来我问别人,他为什么不满意他的年谱,据说那本年谱把他的"瞒天过海法"给写了。1937年他75岁时,算命的说他流年不利,所以他增加了两岁。

这之后,我很少去看他,他也越来越不爱说话了。

最后一次我去看他,他已奄奄一息地躺在躺椅上,我上去握住他的手问他:"你还认得我吗?"他无力地看了我一眼,轻轻地说:"我有一个朋友,名字叫艾青。"他很少说话,我就说:"我会来看你的。"他却说:"你再来,我已不在了。"他已预感到自己在世之日不会有多久了。想不到这一别就成了永诀——紧接着的一场运动把我送到北大荒。

他逝世时已经97岁。实际是95岁。

这篇文章基本上是用画幅构成的:第一次拜访是获得了一幅屏条《四只虾两条鱼》。接着作者回忆了自己所见的齐白石的作品,及与齐白石交往中的一些琐事:把真画当假画、假画当真画;小小的误会等。正是在这些回忆中,齐白石的才情、风趣、不谙世事的天真等表现无遗而作者与齐白石的友情也如小溪一样,在字里行间缓缓流出。

1.白石老人的诗生活气息浓郁,有一种朴素的美。试以文中出现的诗为例进行分析。

2.收集有关齐白石的资料,写一篇感想。

# 追悼志摩

◆胡 适

悄悄的我走了，
正如我悄悄的来；
我挥一挥衣袖，
不带走一片云彩。

——《再别康桥》

志摩这一回真走了！可不是悄悄地走。在那淋漓的大雨里，在那迷蒙的大雾里，一个猛烈的大震动，300匹马力的飞机碰在一座终古不动的山上，我们的朋友额上受了一下致命的撞伤，大概立刻失去了知觉。半空中起了一团天火，像天上陨了一颗大星似的直掉下地去。我们的志摩和他的两个同伴就死在那烈焰里了！

我们初得着他的死信，都不肯相信，都不信志摩这样一个可爱的人会死的这么残酷。但在那几天的精神大震撼稍稍过去之后，我们忍不住要想，那样的死法也许只有志摩最配。我们不相信志摩会"悄悄地走了"，也不忍想志摩会有一个"平凡的死"，死在天空之中，大雨淋着，大雾笼罩着，大火焚烧着，那撞不倒的山头在旁边冷眼瞧着，我们新时代的新诗人，就是要自己挑一种死法，也挑不出更合适、更悲壮的了。

志摩走了，我们这个世界里被他带走了不少的云彩，他在我们这些朋友之中，真是一片最可爱的云彩，永远是温暖的颜色，永远是美的花样，永远是可爱。他常说：

我不知道风
是在哪一方向吹——

我们也不知道风是在哪一个方向吹，可是狂风过去之后，我们的天空变惨淡了，变寂寞了，我们才感觉我们的天上的一片最可爱的云彩被狂风卷去了，永远不回来了！

这十几天里，常有朋友到家里来谈志摩，谈起来常常有人痛哭。在别处痛哭他的，一定还不少。志摩所以能使朋友这样哀念他，只是因为他的为人整个的只是一团同情心，只是一团爱。叶公超先生说：

他对于任何人，任何事，从未有过绝对的怨恨，甚至于无意中都没有表示过一些憎嫉的神气。

陈通伯先生说：

尤其朋友里缺不了他。他是我们的连索，他是黏着性的，发酵性的。在这七八年中，国内文艺界里起了不少的风波，吵了不少的架，许多很熟的朋友往往弄的不能见面。但我没有听见有人怨恨过志摩。谁也不能抵抗志摩的同情心，谁也不能避开他的黏着性。他才是和事老，使我们怀着无穷的同情，他总是朋友中间的"连索"。他从没有疑心，他从不会妒忌。他使这些多疑善妒的人们十分惭愧，又十分羡慕。

**他的一生真是爱的象征。爱是他的宗教，他的上帝。**

> 我攀登了万仞的高冈，
> 荆棘扎烂了我的衣裳，
> 我向飘渺的云天外望——
> 上帝，我望不见你！
> ……
> 我在道旁见一个小孩，
> 活泼，秀丽，褴褛的衣衫，
> 他叫声"妈"，眼里亮着爱——
> 上帝，他眼里有你！
>
> ——《他眼里有你》

志摩今年在他的《猛虎集·自序》里曾说他的心境是"一个曾经有单纯信仰的流人怀疑的颓废"。这句话是他最好的自述。他的人生观真是一种"单纯信仰"，这里面只有三个大字：一个是爱，一个是自由，一个是美。他梦想这三个理想的条件能够会合在一个人生里，这是他的"单纯信仰"。他的一生的历史，只是他追求这个单纯信仰的实现的历史。

社会上对于他的行为，往往有不能谅解的地方，都只因为社会上批评他的人不曾懂得志摩的"单纯信仰"的人生观。他的离婚和他的第二次结婚，是他一生最受社会严厉批评的两件事。现在志摩的棺已盖了，而社会上的议论还未定。但我们知道这两件事的人，都能明白，至少在志摩的方面，这两件事最可以代表志摩的单

纯理想的追求。他万分诚恳地相信那两件事都是实现他那"美与爱与自由"的人生的正当步骤。这两件事的结果,在别人看来,似乎都不曾能够实现志摩的理想生活。但到了今日,我们还忍用成败来议论他吗?

我忍不住我的历史癖,今天我要引用一点儿神圣的历史材料,来说明志摩决心离婚时的心理。民国十一年(1922 年)三月,他正式向他的夫人提议离婚,他告诉她,他们不应该继续他们的没有爱情没有自由的结婚生活了,他提议"自由之偿还自由",他认为这是"彼此重见生命之曙光,不世之荣业"。他说:

> 故转夜为日,转地狱为天堂,直指顾间事矣。……真生命必自奋斗自求得来,真幸福亦必自奋斗自求得来,真恋爱亦必自奋斗自求得来!彼此前途无限……彼此有改良社会之心,彼此有造福人类之心,其先自作榜样,勇决智断,彼此尊重人格,自由离婚,止绝苦痛,始兆幸福,皆在此矣。

这信里完全是青年的志摩的单纯的理想主义,他觉得那没有爱又没有自由的家庭是可以摧毁他们的人格的,所以他下了决心,要把自由偿还自由,要从自由求得他们的真生命,真幸福,真恋爱。

后来他回国了,婚是离了,而家庭和社会都不能谅解他。最奇怪的是他和他已离婚的夫人通信更勤,感情更好。社会上的人更不明白了。志摩是梁任公先生最爱护的学生,所以民国十二年(1923 年)任公先生曾写一封很长很恳切的信去劝他。在这信里,任公提出两点:

> 其一,万不容以他人之苦痛,易自己之快乐。弟之此举,其于弟将来之快乐能得与否,殆茫如捕风,然先已予多数人以无量之苦痛。
> 其二,恋爱神圣为今之少年所乐道。……兹事盖可遇而不可求。……况多情多感之人,其幻象起落鹘突,而得满足得宁帖也极难。所梦想之神圣境界恐终不可得,徒以烦恼终其身已耳。

任公又说:

> 呜呼志摩!天下岂有圆满之宇宙?……当知吾侪以不求圆满为生活态度,斯可以领略生活之妙味矣。……若沉迷于不可必得之梦境,挫折数次,生意尽矣,郁邑侘傺以死,死为无名。死犹可也,最可畏者,不死不生而堕落至不复能自拔。呜呼志摩,可无惧耶!可无惧耶!(十二年一月二日信)

任公一眼看透了志摩的行为是追求一种"梦想的神圣境界"，他料到他必要失望，又怕他少年人受不起几次挫折，就会死，就会堕落。所以他以老师的资格警告他："天下岂有圆满之宇宙？"

　　但这种反理想主义是志摩所不能承认的。他答复任公的信，第一不承认他是把他人的苦痛来换自己的快乐。他说：

　　　　我之甘冒世之不韪，竭全力以斗者，非特求免凶惨之苦痛，实求良心之安顿，求人格之确立，求灵魂之救度耳。

　　　　人谁不求庸德？人谁不安现成？人谁不畏艰险？然且有突围而出者，夫岂得已而然哉？

　　第二，他也承认恋爱是可遇而不可求的，但他不能不去追求。他说：

　　　　我将于茫茫人海中访我唯一灵魂之伴侣；得之，我幸；不得，我命，如此而已。

　　他又相信他的理想是可以创造培养出来的。他对任公说：

　　　　嗟夫吾师！我尝奋我灵魂之精髓，以凝成一理想之明珠，涵之以热满之心血，朗照我深奥之灵府。而庸俗忌之嫉之，轭欲麻木其灵魂，捣碎其理想，杀灭其希望，纤毁其纯洁！我之不流入堕落，流入庸懦，流入卑污，其几亦微矣！

　　我今天发表这三封不曾发表过的信，因为这几封信最能表现那个单纯的理想主义者徐志摩。他深信理想的人生必须有爱，必须有自由，必须有美；他深信这种三位一体的人生是可以追求的，至少是可以用纯洁的心血培养出来的。——我们若从这个观点来观察志摩的一生，他这十年中的一切行为就全可以了解了。我还可以说，只有从这个观点上才可以了解志摩的行为。我们必须先认清了他的单纯信仰的人生观，方才认得清志摩的为人。

　　志摩最近几年的生活，他承认是失败。他有一首"生活"的诗，诗暗惨的可怕：

　　　　阴沉、黑暗，毒蛇似的蜿蜒，
　　　　生活逼成了一条甬道：
　　　　一度陷入，你只可向前，

手扪索着冷壁的粘潮。
在妖魔的脏腑内挣扎，
头顶不见一线的天光，
这魂魄，在恐怖的压迫下，
除了消灭更有什么愿望？

他的失败是一个单纯的理想主义者的失败。他的追求，使我们惭愧，因为我们的信心太小了，从不敢梦想他的梦想。他的失败，也应该使我们对他表示更深厚的恭敬与同情，因为偌大的世界之中，只有他有这信心，冒了绝大的危险，费了无数的麻烦，牺牲了一切平凡的安逸，牺牲了家庭的亲谊和人间的名誉，去追求，去试验一个"梦想之神圣境界"，而终于免不了残酷的失败，也不完全是他的人生观的失败。他的失败是因为他的信仰太单纯了，而这个现实世界太复杂了，他的单纯的信仰经不起这个现实世界的摧毁；正如易卜生的诗剧 *Brand* 里的那个理想主义者，抱着他的理想，在人间处处碰钉子，碰的焦头烂额，失败而死。

然而我们的志摩"在这恐怖的压迫下"，从不叫一声"我投降了"！从不曾完全绝望，他从不曾绝对怨恨谁。他对我们说：

你们不能更多的责备。我觉得我已经是满头的血水，能不低头已算是好的。(《猛虎集·自序》)

是的，他不曾低头。他仍旧昂起头来做人；他仍旧是他那一团的同情心，一团的爱。我们看他替朋友做事，替团体做事，他总是仍旧那样热心，仍旧那样高兴。几年的挫折，失败，苦痛，似乎使他更成熟了，更可爱了。

他在苦痛之中，仍旧继续他的歌唱。他的诗作风也更成熟了。他所谓"初期的汹涌性"固然是没有了，作品也减少了；但是他的意境变深厚了，笔致变淡远了，技术和风格都更进步了。这是读《猛虎集》的人都能感觉到的。

志摩自己希望今年是他的"一个真的复活的机会"。他说：

抬起头居然又见到了天。眼睛睁开了，心也跟着开始了跳动。

我们一班朋友都替他高兴。他这几年来想用心血浇灌的花树也许是枯萎的了；但他的同情，他的鼓舞，早又在别的园地里种出了无数的可爱的小树，开出了无数可爱的鲜花。他自己的歌唱有一个时代是几乎消沉了；但他的歌声引起了他的园地外无数的歌喉，嘹亮地唱，哀怨地唱，美丽的唱。这都是他的安慰，都使他高兴。

谁也想不到在这个最有希望的复活时代,他竟丢了我们走了!他的《猛虎集》里有一首咏一只黄鹂的诗,现在重读了,好像他在那里描写他自己的死,和我们对他的死的悲哀:

> 等候他唱,我们静着望,
> 怕惊了他。
> 但他一展翅
> 冲破浓密,化一朵彩雾:
> 飞来了,不见了,没了!!
> 像是春光,火焰,像是热情。

志摩这样一个可爱的人,真是一片春光,一团火焰,一腔热情。现在难道都完了?

决不!决不!志摩最爱他自己的一首小诗,题目叫做《偶然》,在他的《卞昆冈》剧本里,在那个可爱的孩子阿明临死时,那个瞎子弹着三弦,唱着这首诗:

> 我是天空里的一片云,
> 偶尔投影在你的波心!
> 你不必讶异,
> 更无须欢喜!
> 在转瞬间消灭了踪影。
> 你我相逢在黑夜的上海,
> 你有你的,我有我的方向。
> 你记得也好,
> 最好你忘掉,
> 在这交会时互放的光芒!

朋友们,志摩是走了,但他投的影子会永远留在我们心里,他放的光亮也会永远留在人间,他不曾白来了一世。我们有了他做朋友,也可以安慰自己说不曾白来了一世。我们忘不了他和我们:

> 在那交会时互放的光亮!

这是一篇感人至深的悼文。文章紧紧扣住徐氏的诗文,阐述了他的纯真和理想主义;特别是对徐志摩在婚姻、恋爱上的不被社会所容,做出了令人信服的解释,并对徐志摩做了公允中肯的评价。

1.胡适说徐志摩是"单纯的理想主义者",为此胡适在文中作出了哪个层面的解释?

2.自"五四"以后,胡适一向少有激动之文,但这篇文章却写得很动情,被人们称为"至情悼文"。反复阅读,仔细体味作者的思想感情。

3.作者说"我们不相信志摩会'悄悄地走了'",就是要他自己挑一种死法,也挑不出比这种死法(空难)更合适、更悲壮的了。你能联系徐志摩的性格及生活对此作一个诠释吗?

# 悼评梅先生

◆李健吾

噢!让野风来歌着,让秋虫来吟着,让苇叶来舞着,在他们所嗜爱的月光下,奏起了阴世的乐曲!读者!知道这个故事以后,如果你相信自己的才力,把这一双情人的血泪织在你的永生的诗章中间。

一朝的百合花,
在五月更是美丽,
虽然它就零落在那一夕;
它原是光的植物光的花。
　　　　——英国无名氏咏

在我写出上面的时候,一段悲惨的故事忽然涌到我的眼前来。这故事曾经爱

121

尔兰诗人莫耳 (Moore) 吟咏, 后来遇见美国的伊尔文 (Irving) 在他一篇缠绵哀婉的散文内追叙着。伊尔文的题目是《碎了的心》(*The Broken Heart*), 莫耳的诗的第一行是:

She is far from the land when her young hero sleeps.

如果勉强译出来, 便是:

她远远地离开了她年轻的英雄的睡乡。

故事是这样的: 一位年轻的爱尔兰爱国志士, 被诬陷为卖国贼, 由官方执行死刑了; 他的冤屈和他临刑时的高贵引起了民间深切的同情,"甚至于", 如伊尔文所叙,"他的敌人也哀悯于那种严酷的政策"。但是他有一位忠心于他的爱人, 一位因为爱情而见驱于父门的热情少女! 这样的勇毅的女子已经预示出了她一生的不幸。她避开了许多求婚者的恳切的目光。

"因为她的心是在他的坟中"。

最后因为环境的压迫虽然许身于一位军官, 终于郁郁寡欢, 殁于南方的意大利, 所以她的本国诗人才追咏道:

"她远远地离开了她年轻的英雄的睡乡。"

在我们读到她, 最后逝世的时辰, 不禁要叹息一声略略喜慰的叹息。

这声叹息如今让我擒来更为沉痛地刻画在这里。更为沉痛地: 因为评梅先生与我同时代, 而我也更认识她。我们的感情不仅是乡谊对于乡谊, 先生对于学生, 朋友对于朋友, 而是姐姐对于弟弟。所以如今来写一篇文章哀悼, 只有使我感到情思的紊乱, 觉得什么话都不应该印在一张发乌的纸上, 污了逝者生时神圣的印象。我逢见她深谈的时候极少, 除去在正式茶会赐予的机会中晤面以外, 彼此从未相访过, 这自然要归罪于自己的疏僻。若我下面所叙的情形有一点儿错误, 但是她的善恕的精神一定会原宥我今日的唐突。

当我在中学读书的时候, 因为住在西南城, 每每于星期日或夏日的黄昏, 独自或者偕伴, 往陶然亭一带散步。有时兴致淋漓, 便不知不觉出了右安门, 从永定门绕回来, 这也许由于幼时生活的苦闷吧。其后有一次我从奔陶然亭的那条大路转入一条小道, 在苇塘尽头的陆地上, 我发现了一座纪念碑式的尖形新冢, 白石砌成, 矗立于荒凉的绿草地, 在四周从未经人招魂过的乱坟堆中, 忽然映入目界, 令人生出一种新颖的悲感。我走过去读那碑上的绿字; 立在它的正面, 我半晌未能抬起腰来,我伸手细摸着那些字的笔迹,我疑惑我走出了实际的世界。后面的同伴问我做什么?我移开身子,请他看一看这伤心的墓铭。

"啊,原来就葬在这里!"他慨叹道。

"这是不是我所认识的评梅?"我指着墓铭末尾的签名向他疑问道。

"就是她!就是她!"

慢慢我的同伴把他所知道的都告诉我,在洒满了夕阳的归途上,我从没有斗胆问过评梅先生自己,这是一段轻易不容别人触犯的悲惨的历史。如今我可以把它简略地重述一下吗?如今她自己也去了世,虽然还未能如她的愿,安葬于这座小小白冢的旁边。噢!让野风来歌着,让秋虫来吟着,让苇叶来舞着,在他们所嗜爱的月光下,奏起了阴世的乐曲!读者!知道这个故事以后,如果你相信自己的才力,把这一双情人的血泪织在你的永生的诗章中间。我求你。

评梅先生遭过了一个不是现代女子所应遭过的命运。她自己是一位诗人,她的短短的一生,如诗人所咏,也只是首诗:一首充满了飘鸿的绝望的哀啼的佳章。我们看见她的笑颜,煦悦与仁慈,测不透那浮面下所深隐的幽恨;我们遥见孤鸿的缥缈、高超与卓绝,却聆不见她声音以外的声音。于是在一切的不识者中间她终于无声而去。

我们同乡内有一位天辛君,据说孙中山先生曾派他往俄国调查过。我只听说他是一位有志有为的人物,但是我晓得如果评梅先生会恋上他,那么他一定是一位值得一般好女子敬爱的君子。他已经结过婚了,但是他的智慧领导着他的热情,走上现代青年所走的光明的险径;他决意不顾一切,向评梅先生表示他的态度。我们所最引为诧异的是她当日的态度——她拒绝了,也许因为她对于她的同类的同情吧;除此以外,没有其他可以揣测的理由。也许解放了的新女子笑她缺乏勇气。缺乏勇气!一位有毅力拒绝她所深爱的男子的女子?这不是她的思路的缜密(这一点使她超越于现代轻浮的妇女之上)害了她!这是时间!时间把她所传为武器的智慧在不经意之中葬埋了。正如 Sir Water Raleish 临刑前自咏道:

Even such is time.

天辛君不久便病终了,所谓:

> 壮志未成身先死,
> 常使英雄泪满襟。

这消息是她在友人家中听到的,一声霹雳,她晕厥过去,后来她好容易换过气来了，和大风浪后的浪面一样，她貌似沉静，支撑着她的厄运；然而由这时起，她的心完全碎了。

这以后的生活，她的诗文是唯一而最确实的证明；并且明了她思想上的所以悲观与厌世，我们也就更易透解她的哀婉凄怆的诗文。伊尔文在他的文章内论道："但是一个妇人的全部生命便是一本情感的历史。心是她的世界，在这里她的野心想主宰一切！在这里她的贪性想得着那些隐秘的宝藏。她送出去的同情去冒险；她安置她的全部灵魂在情感的交易上；如果船沉了，她的情况便毫无希望——因为这是一个心的破产。"他继续论道："她是她自己的思想与感情的伴侣；如果它们变为忧伤的宰辅，她还能到什么地方寻她的安慰呢？她的命运是受男子的求婚，为其所胜有；如果不幸于她的爱情，她的心就如同被攻下了寨堡，让敌人打了下来，弃在一边荒芜起来。"

在今年4月的暮春天气，评梅先生领着她十几位女学生到我们学校来。在一个下弦月的微光的朦胧里，我们一共四五个人坐在荷花池前的石阶上，她背倚着石栏杆，静静听着她的学生们的漫烂的歌唱，天真的谈笑；我坐在最高的一层石级上。在微浮的暗暗的水面上，探出一团一团的新荷，亭亭静伫，仿佛盘算好了从她亲口内要细聆她凄凉的身世。四处的松柏，和一切山石间的杂草，都沉落于夜的怀抱。这个夜不太黑暗，不太明眸，正是一个诗人的夜。她静静地坐在那里，为一种神秘的力量所感动，回头向我道："在这里求学是幸福！"

我说这得分什么学生。

有一个学生问她的岁数。她告诉了她，喟叹了一声。

"我觉得我活到这个年纪真不易！"她继续道："光阴也真过得快。我希望我也能有这一个优美的环境，在这里休息一下我的疲倦；昨天晚上我在对面山下的石墩上坐了一夜，直到天色微微红了起来。我不能不在社会里鬼混，哦，那社会！什么样有志气的好人也让它一口吞下去。我挣扎着，我从来没有苟且，我从来只和我自己是朋友。我站在泥水里头，和这莲花一样，可是和它们一样，出淤泥而不染。我的身子是清白的；我将来死去还是一个父母赐我的璧洁的身体。我从来不求人，不谄媚人；我在什么事情上也没有成就，就是文章我也不敢写了。"

"在这社会里面，女子向历是——"我插嘴道。

"我真羡慕你们男孩子！只要自己有志气，有毅力，终究可以在社会上打出一条路来；你们什么都撇弃得下。至于你……"接着她讲些鼓舞我上进的话，等我谢过了，她继续道："现在我也不悲观了：人活着，反正是要活着，有同情也好，没有同情也好，反正还要活着。所以如今当我到难受极了的时候，眼泪固然要流，然而我一看见我这许多的学生欢欢喜喜地唱着，跳着，我便安慰许多了。她们是我唯一的安慰。可是慢慢她们也要离开我走的……"

其后在城里一个茶会上，她指着她的学生向我们在座者道："我从前常常是不快活的，后来我发现了她们，我这些亲爱的小妹妹，我才晓得我太自私了。我最近读着一本小说，叫做《爱的教育》，读完之后我哭了。我立誓一生要从事于教育；我爱她们。我明白了我从前的错误。"

她的人生观的渐渐改进，对于她，是一件重大而且必需的关节。但是这来得过于迟缓了，已经救不了她的已濒尽头的命运。

最令我感到一种显然的差别的，是看见她立在繁华而喧嚣的人海里；她漫立在一群幸福的妇女中间，面色微白，黯然伤神，孤零零的，仿佛一个失了魂的美丽的空囊壳；有时甚至于表示一种畏涩的神情，仿佛自惭形陋的念头在激动她的整个的内心灵魂。那过去的悲哀浸遍了她的无所施用的热心，想把它骗入一时的欢乐，只是自欺欺人。她生活在她的已逝的梦境；她忏悔她昔日对于那唯一爱她的男子所犯的罪过；她跳到社会里面，努力要消耗一切刹那的遗忘；然而她的思想仍是她的，她的情感仍旧潜在着，她终于不能毁灭她已往的评梅。她只得向上天狂呼道："天啊！让我隐没于山林吧！让我独居于海滨吧！我不能再游于这扰攘的人寰了。"（《偶然草》）那么一句表示出她的极端的绝望。所有她的诗文几乎多半她奋斗以后失了望的哀词，在那里她的始元的精神超过了我们今日所谓的颓废文学，无病而吟的作家与前代消极的愁吟的女子。她的情感几乎高尚到神圣的程度，即使她自己不吟不写，以她一生的无名的不幸而论，已终够我们的诗人兴感讽咏的了。

这是一篇追叙和阐释评梅女士感情轨迹的散文。作者以高超的洞察力和感受力对评梅女士和天辛君之间的爱情故事进行了阐释。评梅、天辛的爱情故事是缠绵哀婉的，李健吾的这篇追叙，也堪称奇文。

1.作者在文中写道："读者，知道这个故事以后，如果你相信自己的才力，把这一双情人的血泪织在你的永生的诗章中间，我求你。"读完此文后的你，能写点什么吗？

2.文章开端所讲的年轻的爱尔兰爱国志士的爱情故事有深意，作者在暗示什么呢？

# 怀李叔同先生

◆丰子恺

弘一法师由翩翩公子一变而为留学生，又变
而为教师，三变而为道人，四变而为和尚。每做一
种人，都做得十分像样。好比全能的优伶：起青
衣像个青衣，起先生像个先生，起大面又像个大
面……都是"认真"的缘故。

距今29年前，我17岁的时候，最初在杭州的浙江省立第一师范学校里见到
李叔同先生，即后来的弘一法师。时我是预科生，他是我们的音乐教师。我们上他
的音乐课时，有一种特殊的感觉：严肃。摇过预备铃，我们走向音乐教室，推进门
去，先吃一惊：李先生早已端坐在讲台上。以为先生总要迟到而嘴里随便唱着、喊
着或笑着、骂着而推进门去的同学，吃惊更是不小。他们的唱声、喊声、笑声、骂声
以门槛为界限而忽然消灭。接着是低着头，红着脸，去端坐在自己的位子里。端坐
在自己的位子里偷偷地仰起头来看看，看见李先生的高高的瘦削的上半身穿着整
洁的黑布马褂，露出在讲桌上，宽广得可以走马的前额，细长的凤眼，隆正的鼻梁，
形成威严的表情。扁平而阔的嘴唇两端常有深涡，显示和爱的表情。这副相貌，用
"温而厉"三个字来描写，大概差不多了。讲桌上放着点名簿、讲义，以及他的教课
笔记簿、粉笔。钢琴衣解开着，琴盖开着，谱表摆着，琴头上又放着一只时表，闪闪
的金光直射到我们的眼中。黑板(是上下两块可以推动的)上早已清楚地写出本课
内所应写的东西(两块都写好，上块盖着下块，用下块时把上块推开)，在这样布置
的讲台上，李先生端坐着。坐到上课铃响出(后来我们知道他这脾气，上音乐课必
早到。故上课铃响时，同学早已到齐)，他站起身来，深深地一鞠躬，课就开始了。这
样地上课，空气严肃得很。

有一个人上音乐课时不唱歌而看别的书，有一个人上音乐时吐痰在地板上，
以为李先生看不见的，其实他都知道。但他不立刻责备，等到下课后，他用很轻而
严肃的声音郑重地说："某某等一等出去。"于是这位某某同学只得站着。等到别的
同学都出去了，他又用轻而严肃的声音向这某某同学和气地说："下次上课时不要
看别的书。"或者："下次痰不要吐在地板上。"说过之后他微微一鞠躬，表示"你出
去吧"。出来的人大都脸上发红。又有一次下音乐课，最后出去的人无心把门一拉，
碰得太重，发出很大的声音。他走了数十步之后，李先生走出门来，满面和气地叫

他转来。等他到了，李先生又叫他进教室来。进了教室，李先生用很轻而严肃的声音向他和气地说："下次走出教室，轻轻地关门。"就对他一鞠躬，送他出门，自己轻轻地把门关了。最不易忘却的，是有一次上弹琴课的时候。我们是师范生，每人都要学弹琴，全校有五六十架风琴及两架钢琴。风琴每室两架，给学生练习用；钢琴一架放在唱歌教室里，一架放在弹琴教室里。上弹琴课时，十数人为一组，环立在琴旁，看李先生范奏。有一次正在范奏的时候，有一个同学放一屁，没有声音，却是很臭。钢琴及李先生十数同学全部沉浸在亚莫尼亚气体中。同学人都掩鼻或发出讨厌的声音。李先生眉头一皱，管自弹琴(我想他一定屏息着)。弹到后来，亚莫尼亚气散光了，他的眉头方才舒展。教完以后，下课铃响了。李先生立起一鞠躬，表示散课。散课以后，同学还未出门，李先生又郑重地宣告："大家等一等去，还有一句话。"大家又肃立了。李先生又用很轻而严肃的声音和气地说："以后放屁，到门外去，不要放在室内。"接着又一鞠躬，表示叫我们出去。同学都忍着笑，一出门来，大家快跑，跑到远处去大笑一顿。

李先生用这样的态度来教我们音乐，因此我们上音乐课时，觉得比上其他一切课更严肃。同时对于音乐教师李叔同先生，比对其他教师更敬仰此时的学校，首重的是所谓"英、国、算"，即英文、国文和算学。在别的学校里，这三门功课的教师最有权威；而在我们这师范学校里，音乐教师最有权威，因为他是李叔同先生的缘故。

李叔同先生为什么能有这种权威呢？不仅为了他学问好，不仅为了他音乐好，主要的还是为了他态度认真。李先生一生的最大特点是"认真"。他对于一件事，不做则已，要做就非做得彻底不可。

他出身于富裕之家，他的父亲是天津有名的银行家。他是第五位姨太太所生。他父亲生他时，年已72岁。他坠地后就遭父丧，又逢家庭之变，青年时就陪了他的生母南迁上海。在上海南洋公学读书奉母时，他是一个翩翩公子。当时上海文坛有著名的沪学会，李先生应沪学会征文，名字屡列第一。从此他就为沪上名人所器重，而交游日广，终以"才子"驰名于当时的上海。所以后来他母亲死了，他赴日本留学的时候，作一首《金缕曲》，词曰："披发佯狂走。莽中原暮鸦啼彻几株衰柳。破碎河山谁收拾，零落西风依旧。便惹得离人消瘦。行矣临流重太息，说相思刻骨双红豆。愁黯黯，浓于酒。漾情不断淞波溜。恨年年絮飘萍泊，遮难回首。二十文章惊海内，毕竟空谈何有!听匣底苍龙狂吼。长夜西风眠不得，度群生那惜心肝剖。是祖国，忍孤负?"读这首词，可想见他当时豪气满胸，爱国热情炽盛。他出家时把过去的照片统统送我，我曾在照片中看见过当时在上海的他：丝绒碗帽，正中缀一方白玉，曲襟背心，花缎袍子，后面挂着胖辫子，底下缀带扎脚管，双梁厚底鞋子，头抬得很高，英俊之气，流露于眉目间。真是当时上海一等的翩翩公子。这是最初表示他的特性：凡事认真。他立意要做翩翩公子，就彻底做一个翩翩公子。

后来他到日本，看见明治维新的文化，就渴慕西洋文明。他立刻放弃了翩翩公子态度，改做一个留学生。他入东京美术学校，同时又入音乐学校。这些学校都是模仿西洋的，所教的都是西洋画和西洋音乐。李先生在南洋公学时英文学得很好；到了日本，就买了许多西洋文学书。他出家时曾送我一部残缺的原本《莎士比亚全集》，他对我说："这书我从前细读过，有许多笔记在上面，虽然不全，也是纪念物。"由此可想见他在日本时，对于西洋艺术全面进攻，绘画、音乐、文学、戏剧都研究。后来他在日本创办春柳剧社，纠集留学同志，共演当时西洋著名的悲剧《茶花女》（小仲马著）。他自己把腰束小，扮作茶花女，粉墨登场。这照片，他出家时也送给我，一向归我保藏；直到抗战时为兵火所毁。现在我还记得这照片：卷发，白的上衣，白的长裙拖着地面，腰身小到一把，两手举起托着后头，头向右歪侧，眉峰紧蹙，眼波斜睇，正是茶花女自伤命薄的神情。另外还有许多演剧的照片，不可胜记。这春柳剧社后来迁回中国，李先生就脱出，由另一班人去办，便是中国最初的"话剧"社。由此可想见，李先生在日本时，是彻头彻尾的一个留学生。我见过他当时的照片：高帽子、硬领、硬袖、燕尾服、尖头皮鞋，加之长身、高鼻，没有脚的眼镜夹在鼻梁上，竟活像一个西洋人。这是第二次表示他的特性：凡事认真，学一样，像一样。要做留学生，就彻底做一个留学生。

他回国后，在上海太平洋报社当编辑。不久，就被南京高等师范请去教图画、音乐。后来又应杭州师范之聘，同时兼任两个学校的课，每月中半个月住南京，半个月住杭州。两校都请助教，他不在时由助教代课。我就是杭州师范的学生。这时候，李先生已由留学生变为"教师"。这一变，变得真彻底：漂亮的洋装不穿了，却换上灰色粗布袍子、黑布马褂、布底鞋子。金丝边眼镜也换了黑的钢丝边眼镜。他是一个修养很深的美术家，所以对于仪表很讲究。虽然布衣，却很称身，常常整洁。他穿布衣，全无穷相，而另具一种朴素的美。你可想见，他是扮过茶花女的，身材生得非常窈窕。穿了布衣，仍是一个美男子。"淡妆浓抹总相宜"，这诗句原是描写西子的，但拿来形容我们的李先生的仪表，也很适用。今人侈谈"生活艺术化"，大都好奇立异，非艺术的。李先生的服装，才真可称为生活的艺术化。他一时代的服装，表出着一时代的思想与生活。各时代的思想与生活判然不同，各时代的服装也判然不同。布衣布鞋的李先生，与洋装时代的李先生、曲襟背心时代的李先生，判若三人。这是第三次表示他的特性：认真。

我二年级时，图画归李先生教。他教我们木炭石膏模型写生。同学一向描惯临画，起初无从着手。四十余人中，竟没有一个人描得像样的。后来他拿范画给我们看。画毕把范画挂在黑板上。同学们大都看着黑板临摹。只有我和少数同学，依他的方法从石膏模型写生。我对于写生，从这时候开始发生兴味。我到此时，恍然大悟：那些粉本原是别人看了实物而写生出来的。我们也应该直接从实物写生入手，何必临摹他人，依样画葫芦呢？于是我的画进步起来。此后李先生与我接近的机会更多。因为我常去请他教画，又教日本文。以后的李先生的生活，我所知道的较为详细。他本来常读性理的书，后来忽然信了道教，案头常常放着道藏。那时我还是一个毛头青年，谈不到宗教。李先生除绘事外，并不对我谈道。但我发现他的生活日渐收敛起来，仿佛一个人就要动身赴远方时的模样。他常把自己不用的东西送给我。他的朋友日本画家大野隆德、河合新藏、三宅克己等到西湖来写生时，他带了我去请他们吃一次饭，以后就把这些日本人交给我，叫我引导他们（我当时已能讲普通应酬的日本话）。他自己就关起房门来研究道学。有一天，他决定入大慈山去断食，我有课事，不能陪去，由校工闻玉陪去。数日之后，我去望他。见他躺在床上，面容消瘦，但精神很好，对我讲话，同平时差不多。他断食共 17 日，由闻玉扶起来，摄一个影，影片上端由闻玉题字"李息翁先生断食后之像，侍子闻玉题"。这照片后来制成明信片分送朋友。像的下面用铅字排印着："某年月日，入大慈山断食 17 日，身心灵化，欢乐康强——欣欣道人记。"李先生这时候已由"教师"一变而为"道人"了。学道就断食 17 日，也是他凡事"认真"的表示。

　　但他学道的时候很短。断食以后，不久他就学佛。他自己对我说，他的学佛是受马一浮先生指示的。出家前数日，他同我到西湖玉泉去看一位程中和先生。这程先生原来是当军人的，现在退伍，住在玉泉，正想出家为僧。李先生同他谈得很久。此后不久，我陪大野隆德到玉泉去投宿，看见一个和尚坐着，正是这位程先生。我想称他"程先生"，觉得不合。想称他法师，又不知道他的法名（后来知道是弘伞）。一时周章得很。我回去对李先生讲了，李先生告诉我，他不久要出家为僧，就做弘伞的师弟。我愕然不知所对。过了几天，他果然辞职，要去出家。出家的前晚，他叫我和同学叶天瑞、李增庸三人到他的房间里，把房间里所有的东西送给我们三人。第二天，我们三人送他到虎跑。我们回来分得了他的"遗产"，再去望他时，他已光着头皮，穿着僧衣，俨然一位清瘦的法师了。我从此改口，称他为"法师"。法师的僧腊 24 年。这 24 年中，我颠沛流离，他一贯到底，而且修行功夫愈进愈深。当初修净土宗，后来又修律宗。律宗是讲究戒律的。一举一动，都有规律，严肃认真之极。这是佛门中最难修的一宗。数百年来，传统断绝，直到弘一法师方才复兴，所以佛门中称他为"重兴南山律宗第十一代祖师"。他的生活非常认真。举一例说：有一次我寄一卷宣纸去，请弘一法师写佛号。宣纸多了些，他就来信问我，余多的宣纸如何处置？又有一次，我寄回件邮票去，多了几分。他把多的几分寄还我。以后我寄纸或邮票，就预先声明：余多的送与法师。有一次他到我家。我请他藤椅子里坐。他把藤椅子轻轻摇动，然后慢慢地坐下去。起先我不敢问。后来他每次都如此，我就启问。法师回答我说："这椅子里头，两根藤之间，也许有小虫伏着。突然坐下去，要把它们压死，所以先摇动一下，慢慢地坐下去，好让它们走避。"读者听到这话，也许要笑。但这正是做人极度认真的表示。

如上所述，弘一法师由翩翩公子一变而为留学生，又变而为教师，三变而为道人，四变而为和尚。每做一种人，都做得十分像样。好比全能的优伶：起青衣像个青衣，起先生像个先生，起大面又像个大面……都是"认真"的缘故。

现在弘一法师在福建泉州圆寂了。噩耗传到贵州遵义的时候，我正在束装，将迁居重庆。我发愿到重庆后替法师画像一百帧，分送各地信善，刻石供养。现在画像已经如愿了。我和李先生在世间的师弟尘缘已经结束，然而他的遗训——认真——永远铭刻在我心头。

这是一篇看似平淡，但很耐读的怀旧文字。文中所叙，皆是些微细节、生活琐事，不仅远离大尘大嚣，也远离大是大非，但给人感觉处处有一李叔同在，处处有一李叔同之灵魂气质在。看来，大师之作都是从平常落墨而最终都达到崎岖那一路去。大师和非大师的区别正是在此一点上见出高低。

1．一位旷世奇才，我们该称他"李叔同先生"呢？还是"弘一法师"呢？请缘着"长亭外古道边，芳草碧连天……"的调子走进大师的内心世界。

2．弘一法师由翩翩公子一变而为留学生，又变而为教师，三变而为道人，四变为和尚，每做一种人都做得十分像样……都是"认真"的缘故。请说一说"认真"的内涵。

# 风雨中忆萧红

◆丁 玲

> 人的伟大不是能乘风而起,青云直上,也不只是能抵抗横逆之来,而是能在阴霾的气压下,打开局面,指示光明。

本来就没有什么地方可去,一下雨便更觉得闷在窑洞里的日子太长。要是有更大的风雨也好,要是有更汹涌的河水也好,可是仿佛要来一阵骇人的风雨似的那么一块肮脏的云成天盖在头上,而水声也是那么不断的哗啦哗啦在耳边响,微微的下着一点看不见的细雨,打湿了地面,那轻柔的柳絮和蒲公英都飘舞不起而沾在泥上了。这会使人有遐想,想到随风而倒的桃李,和在风雨中更迅速迸出的苞芽,即使是很小的风雨或浪潮,都更能显出百物的凋谢和生长,丑陋或美丽。

世界上什么是最可怕的呢,绝不是艰难险阻,绝不是洪水猛兽,也绝不是荒凉寂寞。而难于忍耐的却是阴沉和絮聒;人的伟大也不是能乘风而起,青云直上,也不只是能抵抗横逆之来,而是能在阴霾的气压下,打开局面,指示光明。

时代已经非复少年时代了,谁还有悠闲的心情在闷人的风雨中煮酒烹茶与琴诗为侣呢?或者是温习着一些细腻的情致重读着那些曾经被迷醉过被感动过的小说,或者低回冥思那些天涯的故人。流着一点温柔的泪,那些天真,那些纯洁,那些无疵的赤子之心,那些轻微的感伤,那些精神上的享受都飞逝了,早已飞逝的找不到影子了。这个飞逝得很好,但现在是什么呢?是听着不断的水的絮聒,看着脏布似的云块,痛感着阴霾,连寂寞的宁静也没有,然而却需要阿底拉斯的力背负着宇宙的时代所给予的创伤,毫不动摇地存在着,存在便是一种大声疾呼,便是一种骄傲,便是对絮聒以回答。

然而我决不会麻木的,我的头成天膨胀着要爆炸,它装得太多,须要呕吐,于是我写着,在白天,在夜晚,有关节炎的手臂因为放在桌子上太久而痛疼,有砂眼的眼睛因为在微小的灯光下而模糊,但幸好并没有激动,也没有感慨,我不缺乏冷静,而且很富有宽恕,我很愉快,因为我感到我身体内有东西在冲撞,它支持了我的疲倦,它使我会看到将来,它使我跨过现在,它会使我更冷静,它包括了真理和智慧,它是我生命中的力量,比少年时代的那种无愁的青春更可爱啊!

但我仍会想起天涯的故人的。那些死去的或是正受难的,前天我想起了××,在我的知友中他是最有志气的了。他工作着,他一切为了党;他受埋怨过,然而他没有感伤过,他对于名誉和地位是那样的无睹。那样不会趋炎附势、培植党羽、装腔作势、投机取巧。昨天我又苦苦地想起××,在政治生活中过了那么久,却还不能彻底的变更自己。他那种二重的生活使他在临死时还不能免于有所申诉;我常常责怪他申诉的"多余"。然而当我去体味他内心的战斗历史时,却也不能不感动,哪怕那在整体中,是很渺小的。今天我想起了刚逝世不久的萧红,明天,我也许会想得更多的谁,人人都与这社会有关系,因为这社会我便不能忘怀于一切了。

当萧红和我认识的时候,是在春初,那时山西还很冷,很久生活在军旅之中,习惯于粗犷的我,骤睹着她的苍白的脸,紧紧闭着的嘴唇,敏捷的动作和神经质的笑声,使我觉得很特别,而唤起许多回忆,但她的说话是很自然而真率的。我很奇怪作为一个作家的她,为什么会那样少于世故,大概女人都容易保有纯洁和幻想,或者也就同时显得有些稚嫩和软弱的缘故吧。但我们却很亲切,彼此并不感觉到有什么孤僻的性格。我们都尽情地在一块儿唱歌,每夜谈到很晚才睡觉,当然我们之中在思想上、在情感上、在性格上都不是没有差异,然而彼此都能理解,并不会因为不同意见或不同嗜好而争吵,而揶揄。接着是她随同我们一道去西安,我们在西安住完了一个春天,我们也痛饮过,我们也同度过风雨之夕。我们也互相倾诉,然而现在想来,我们谈的是如何的少啊!我们似乎从没有一次谈到过自己,尤其是我。然而我却以为也从没有一句话之中是失去了自己的,因为我们实在都太真实太爱在朋友的面前赤裸自己的精神,因此我们又实在觉得是很亲近的。但我仍会觉得我们是谈得太少的,因为,像这样的能无妨嫌,无拘束,不需要警惕着谈话的对手是太少了啊!

那时候很希望她能来延安,平静的住一时期之后而致全力于著作,抗战后短时期的劳累奔波似乎使她感到不知在什么地方能安排生活,她或许比较我适于幽美平静,延安虽不够作为一个写作的百年长计之处,然在抗战中,的确可以使一个人少顾虑于日常琐碎,而策划于较远大的。并且这里一种朝气,或者都会使她能更健康些。但萧红却南去了,至今我还很后悔那时我对于她生活方式所参与的意见是太少了,这或许由于我们相交太浅,和我的生活方式离她太远的缘故,但徒劳的热情虽然常常于事无补,然在个人仍可得到一种心安。

我们分手后,就从没有通过一封信,端木曾来过几封信,在最后的一封信上(香港失陷约一星期前收到),告诉我,萧红因病始由皇后医院迁出。不知为什么我就有一种预感,觉得有种很可怕的东西会来似的。有一次我同白朗说:"萧红决不会长寿的。"当我说这话的时候,我是曾把眼睛扫遍了中国我所认识的或知道的女性朋友,而感到一种无言的寂寞,能够耐苦的,不依赖于别的力量,有才智有气节而从事于写作的女友,是如此寥寥啊!

不幸的是我的杞忧竟成了预言。当我昂头望着天的那边,或低首细数脚底的泥沙，我都不能压制我丧去一个真实的同伴的叹息，在这样的世界中生活下去，多一个真实的同伴，便多一份力量，我们的责任还不只是打开局面，指示光明，而还是创造光明和美丽；人的灵魂假如只能拘拘于个体的褊狭之中，便只能陶醉于自我的小小的成就。我们要使所有的人，连仇敌也在内都能有崇高的享受，和为这享受而有的伟大的牺牲。

生在现在的这世界上，活着固然能给整个事业添一份力量，然而死于自己也是莫大的损失，因为这世界上有的是戮尸的遗法，从此你的话语和义学将更被歪曲，被侮辱，听说连未死的胡风都有人证明他是汉奸，那么对于已死的人，当然更不必买赂这种无耻的人证了。鲁迅先生的阿Q已经在被那批御用的文人歪曲的诠释，那么"生死场"的命运也难于决定就会幸免于这种灾难。在活着的时候，你不能不被逼走到香港，死去，却还有各种不能逐击的污蔑在等着，然而你还不会知道。那些与你在一起的脱险回国的朋友们还将有被监视或被处分的前途。我完全不懂得到底要把这批人逼到什么地步才算够？猫在吃老鼠之前，必先玩弄它以娱乐自己的得意，这种残酷是比一切屠戮都更毒恶，更需要毁灭的。

只要我活着，朋友的死耗一定将陆续的压住我沉闷的呼吸。尤其是在这风雨的日子里，我会更感到我的重荷，我的工作已经够消磨我的一生，何况再加上你们的屈死，和你们未完的事业，但我一定可以支持下去的，我要借这风雨，寄语你们，死去的，未死的朋友们，我将压榨我生命所有的余剩，为着你们的安慰和光荣。哪怕就仅仅为着你们也好，因为你们是受苦难的劳动者，你们的理想就是真理。

风雨已停，朦胧的月亮浮在西边的山头上，明天将有一个晴的天，我为着明天的胜利而微笑。为着永生而休息。我吹熄了灯，平稳地躺到床上。

这是一篇激情如火，豪气纵横的怀人散文。作者触景生情，由情思人，激扬文字，在夹叙夹议中既深情回忆了萧红的音容形貌，又抒发了自己仰天长啸、慨当以慷的战士情怀。

1.丁玲忆及了萧红的哪些优良品质？这些优秀的品质给了丁玲怎样的激励？

2."只要我活着，朋友的死耗——是将陆续的压住我沉闷的呼吸。"你怎样理解这句话？

3."风雨"在文中起到了什么作用？

# 伤 逝

◆ 台静农

当我一杯在手,对着卧榻上的老友,分明死生
之间,却也没生命奄忽之感。或者人当无可奈何之
时,感情会一时麻木的。

今年4月2日是大千居士逝世3周年祭,虽然3年了,而昔日宴谈,依稀还在目前。当他最后一次入医院的前几天的下午,我去摩耶精舍,门者告诉我他在楼上,我就直接上了楼,他看见我,非常高兴,放下笔来,我即阻止他说:"不要起身,我看你作画。"随着我就在画案前坐下。

案上有十来幅都只画了一半,等待"加工",眼前是一小幅石榴,枝叶果实,或点或染,竟费了一小时的时间才完成。第二张画什么呢? 有一幅未完成的梅花,我说就是这一幅吧,我看你如何下笔,也好学呢。他笑了笑说:"你的梅花好啊。"其实我学写梅,是早年的事,不过以此消磨时光而已,近些年来已不再有兴趣了。但每当他的生日,不论好坏,总画一小幅送他,这不是不自量,而是借此表达一点儿心意,他也欣然。最后的一次生日,画了一幅繁枝,求简不得,只有多打圈圈了。他说:"这是尽心啊。"他总是这样鼓励我。

话又说回来了,这天整个下午没有其他客人,他将那幅梅花完成后也就停下来了。相对谈天,直到下楼晚饭。平常吃饭,是不招待酒的,今天意外,还特要八嫂拿白兰地给我喝,并且还要八嫂调制的果子酒,他也要喝,他甚赞美那果子酒好喝,于是我同他对饮了一杯。当时显得十分高兴,作画的疲劳也没有了,不觉的话也多起来了。

回家的路上我在想,他毕竟老了,看他作画的情形,便令人伤感。犹忆1948年大概在春夏之交,我陪他去"北沟故宫博物院",博物院的同人对这位大师来临,皆大欢喜,庄慕陵兄更加高兴与忙碌。而大千看画的神速,也使我吃惊,每一幅作品刚一解开,随即卷起,只一过目而已,事后我问他何以如此之快。他说这些名迹,原是熟悉的,这次来看,如同访问老友一样。当然也有在我心目中某一幅某些地方有些模糊了,再来证实一下。

晚饭后,他对故宫朋友说,每人送一幅画。当场挥洒,不到子夜,一气画了近20幅,虽皆是小幅,而不暇构思,着墨成趣,且边运笔边说话,时又杂以诙谐,当时的豪情,已非今日所能想象。所幸他兴致好并不颓唐,今晚看我吃酒,他也要吃酒,

犹是少年人的心情，没想到这样不同寻常的兴致，竟是我们最后一次的晚餐。数日后，我去医院，仅能在加护病房见了一面，虽然一息尚存，相对已成隔世，生命便是这样的无情。

摩耶精舍与庄慕陵兄的洞天山堂，相距不过一华里，若没有小山坡及树木遮掩，两家的屋顶都可以看见的。慕陵初闻大千要卜居于外双溪，异常高兴，多年友好，难得结邻，如陶公与素心友"乐与数晨夕"，也是晚年快事。大千住进了摩耶精舍，慕陵送给大千一尊大石，不是案头清供，而是放在庭园里的，好像是"反经石"之类，重有两百来斤呢。

可悲的，他们两个相聚时间并不多，因为慕陵精神开始衰惫，终至一病不起。他们最后的相晤，还是在荣民医院里，大千原是常出入于医院的，慕陵却一去不返了。

我去外双溪时，若是先到慕陵家，那一定在摩耶精舍晚饭。若是由摩耶精舍到洞天山堂，慕陵一定要我留下同他吃酒。其实酒甚不利他的病体，而且他也不能饮了，可是饭桌前还得放一杯掺了白开水的酒，他这杯淡酒，也不是为了我，却因积习难除，表示一点酒人的倔强，听他家人说，日常吃饭就是这样的。

后来病情加重，已不能起床，我到楼上卧房看他时，他还要若侠夫人下楼拿杯酒来，有时若侠夫人不在，他要我下楼自己找酒。我们平常都没有饭前酒的习惯，而慕陵要我这样的，或许以为他既没有精神谈话，让我一人枯坐着，不如喝杯酒。当我一杯在手，对着卧榻上的老友，分明死生之间，却也没生命奄忽之感。或者人当无可奈何之时，感情会一时麻木的。

优秀的画家越到晚年笔墨越简练，往往寥寥数笔，就能出神入化地描绘出一道风景、一尊人物，一花一叶都精神饱满，意态盎然。优秀的散文家也是如此。台静农在这短短的一千多字里，写了对两位艺术大师的深深怀念。笔墨淡雅自然，犹如古代画家画的两幅人物小品，令人感到亲切、质朴，而又不失深沉、厚重。

1.台静农画繁枝送张大千，求简不得，只有多打圈圈了，张大千说："这是尽心啊。"以此鼓励台静农。你是怎样理解这句话的？

2.本章为什么以"伤逝"为题？你能理解作者写此文时的心情吗？

3.读完此文后，你感觉张大千和庄慕陵分别是怎样的人？

# 林徽因印象

◆文洁若

> 在她身上有着艺术家的全部气质。她能够
> 以其精细的洞察力为任何一门艺术留下自己的
> 痕迹。

我大舅父万勉之早年留学日本,回国后在北平任职,娶了贵阳李家的一位姑娘。她和梁启超的正夫人李惠仙是堂姐妹。因此,我刚刚懂事就听大人们谈起过梁启超及其长子梁思成的名字。我大姐幼时聪明伶俐,四五岁上就能背诵上百首唐诗,深得大舅妈的宠爱。1925年左右,有一次,大舅妈和我母亲带她到梁家去串门。梁启超很喜欢这个活泼可爱的小姑娘,摸了摸她的头,递给她一只涂了黄油的嫩老玉米。

1915年,我五叔考入清华学堂,和梁思成同学。这位五叔是我父亲的幼弟,比他小十来岁。可惜他体质羸弱,未毕业就因患肺病而死。

我上初中后,有一次大姐拿一本北新书局出版的冰心短篇小说集《冬儿姑娘》给我看,说书里那篇《我们太太的客厅》的女主人公和诗人是以林徽因和徐志摩为原型而写的。徐志摩因飞机失事而不幸遇难后,家里更是经常谈起他,也提到他和陆小曼之间的风流韵事。

光阴荏苒,1946年我考进了清华大学外语系。当时辅仁大学附属中学女校的同班同学几乎全都报考了,而只有我和王君钰被录取,她学的是工科。

在静斋宿舍里,高班的同学们经常谈起梁思成和林徽因伉俪。原来这些同学都上过西南联大,抗战胜利后,才随校从昆明复员到北平,然后根据各人志愿,分别插入清华、北大或南开。由于是战时,西南联大师生间的关系似乎格外亲密,学生对建筑系梁、林两教授的家庭情况,了如指掌。当时传为美谈的是这对夫妇多年来与哲学系金岳霖教授之间不平凡的友谊。据说金教授年轻时就爱上了林徽因,为了她的缘故,竟然终身未娶。不论战前在北平东城北总布胡同,还是战后迁回清华之后,两家总住紧邻。学问渊博、风趣幽默的金教授是梁家的常客。他把着手教梁家一对子女英语。那时,大学当局对多年来患有肺病的林徽因关怀备至,并在她那新林院八号的住宅前竖起一块木牌,嘱往来的行人及附近的孩子们不要吵闹,以免影响病人休息。

在静斋,我有个叫谢延泉的同屋同学,她跟林徽因的女儿梁再冰十分要好,曾

到梁家去玩过几次。她说,尽管大夫严禁林徽因说话,好生静养,可病人见了来客总是说个不停。谢延泉还亲眼看见金教授体贴入微地给林徽因端来一盘蛋糕。那年头,蛋糕可是罕物!估计不是去哈达门的法国面包房就是去东安市场的吉士林买来的。

逻辑学是清华外文系的一门必修课。尽管我被分配到一位姓王的教授那一班,可我还是慕名去听过几次金岳霖的课。一个星期日下午,我在骑河楼上校车返回清华时,恰好和金教授同车。车上的金教授,一反平时在讲台上的学者派头,和身旁的两个孩子说说笑笑,指指点点——他们在数西四到西直门之间,马路旁到底有多少根电线杆子!我一下子就猜出,那必然是梁思成、林徽因的儿女梁再冰和梁从诫了。

我十分崇敬金教授这种完全无私的、柏拉图式的爱,也佩服梁思成那开阔的胸襟。他们二人都摆脱了凡夫俗子那种占有欲,共同爱护一位卓绝的才女。金认识林徽因时,她已同梁思成结了婚,但他对她的感情竟是那样地执着,就把林所生的子女都看成自己的孩子。这真是人间最真诚而美好的关系。当时,梁再冰正在北大外语系学习,梁从诫也在城里的中学住宿,金岳霖可能是进城陪这两个孩子逛了一天,再带他们回家去看望父母。

我还记起了那时的一个传闻:清华、北大、南开是联合招生,梁再冰填的第一志愿当然是清华,然而却被分数线略低于清华的北大录取了。林徽因无论如何也不相信爱女的考分竟够不上清华的录取标准!后来校方把卷子调出来给她看,她这才服了。记得每个报考生都给个号,我拿到的号是350003——35指民国三十五年(1946年),即1946年。卷子上只写号,不许写名字。这样,作弊的可能性就微乎其微了。连梁思成、林徽因这样一对名教授的女儿,在投考本校时也丝毫得不到特殊照顾。回想起来,当时的考试制度还是公正的。

1947年的清华校庆,由于是经过十四年抗战,校友们第一次团聚,所以办得格外隆重。在大礼堂听了校长、来宾和校友的致辞后,我就溜到图书馆的小阅览室去翻阅旧校刊。林徽因的一张半身照把我吸引住了。她身着白衣,打着一把轻巧的薄纱旱伞,脸上是温馨的笑容。正当我对着照片上这位妙龄才女出神的时候,蓦地听见一片喊喊喳喳声,抬头一看,照片的主人竟然在阅览室门口出现了。按说经过抗日期间岁月的磨难,她的健康已受严重损害,但她那俊秀端丽的面容,姣好苗条的身材,尤其是那双深邃明亮的大眼睛,依然充满了美感。至今我还是认为,林徽因是我平生见过的最令人神往的东方美人。她的美在于神韵——天生丽质和超人的才智与后天良好高深的教育相得益彰。没想到已生了两个孩子、年过四十的林徽因,尚能如此打动同性的我,那么也难怪当年多情的诗人徐志摩会为风华正茂的她所倾倒了。她款款来到一张摊开在长桌上的一幅古画前面,热切地评论着。听说她经常对文学艺术作精辟的议论,可惜从未有人在旁速记,或用录音机把它录下来。由于她周围堵起了厚厚的人墙,我也仅仅依稀听见她在对那幅梅花图上的几个"墨点"发表意见。

我第二次看到林徽因,大约是1948年的事。在一个晚上,由学生剧团在大礼堂用英语演出《守望莱茵河》。我去得较早,坐在前面靠边的座位上。一会儿,林徽因出现了,坐在头排中间,和她一道进来的还有梁思成和金岳霖。开演前,梁从诚过来了,为了避免挡住后面观众的视线,他单膝跪在妈妈前面,低声和她说话。林徽因伸出一只纤柔的手,亲热地抚摩着爱子的头。林徽因的一举一动都充满了美感。我记起她是擅长演戏的,曾用英语在泰戈尔的著名诗剧《齐德拉》中扮演公主齐德拉。我在清华的那几年,那是唯一的一次演英文戏,说不定还请林徽因当过顾问,所以她才抱病来看演出呢。

1954年我和萧乾结缡后,他不止一次对我谈起1933年初次会见林徽因的往事。那年9月,他的第一篇短篇小说《蚕》,在天津《大公报》文艺副刊上发表了。作品登在副刊最下端,为了挤篇幅,行与行之间甚至未加铅条,排得密密匝匝。林徽因非但仔细读了,还特地写信给编者沈从文,约还在燕京大学三年级念着书的萧乾到北总布胡同她家去,开了一次茶会,给予他热情的鼓励。使当时23岁的萧乾最感动的是,她反复说:"用感情写作的人不多,你就是一个。"萧乾还告诉我,1948年他从上海来北平时,曾去清华同林徽因谈了一整天。晚上在金岳霖家过的夜。1954年国庆,我陪萧乾到北大法国文学家陈占元教授家度假,我们还一道去拜访过我的美国老师温德老人。由于那时林徽因的身体已经衰竭,经常卧床。连她所担任的"中国建筑史"课程也是躺在床上讲授的。我们就没忍心去打搅她。

转年4月1日,噩耗传来,萧乾立即给梁思成去了一封慰问他并沉痛地悼念徽因的信。梁思成在病榻上回了他一信。"文革"浩劫之后,我还看到过那封信。1973年我们从干校回京后,由于全家人只有一间八平方米"门洞",出版社和文物局陆续发还的百十来本残旧的书,我都堆放在办公室的一只底板脱落、门也关不严、已废置不用的破柜子里。一天,忽然发现其中一本书里夹着当年梁思成的那封来函。梁思成用秀丽挺拔的字迹密密麻麻地写了两页。首先对萧乾的慰问表示感谢。接着说,林徽因病危时,他因肺结核病住在同仁医院林徽因隔壁的病房里,信中他还无限感慨地回顾了他从少年时代就结识、并共同生活了将近30年的林徽因的往事。信是直写的,虽然是钢笔字,用的却是荣宝斋那种宣纸信笺。倘若是70年代末,我会把这封信看作无价之宝,赶紧保存下来。当时,经过"史无前例"的浩劫,整个人尚处在懵懵懂懂状态。我竟把这封信重新放回到那只根本不能上锁的破柜子里,甚至也没有向萧乾提起。记得大约同时,萧乾从出版社发还的一口旧牛皮箱子里发现了我母亲唯一的纪念物——周围嵌着一圈珍珠的一颗大翡翠。1966年8月23日抄家后,出版社的革委会接到街道上的通知后,在把被批斗够了的萧乾押回出版社的时候,胡乱从家里抄了这么一箱子东西和书。接着就打派仗,也没顾得打开看看。几年后又原封不动地发还给我们了。萧乾紧张地对我说:"不要忘了最高指示——三五年再来一次,现在已7年了。趁早打发掉,免得又成为罪状!"我连看也没看它一眼,就听任他蹬上自行车。赶到王府井的珠宝店去把它三文不值两文地处理掉了。说实在的,直到党的十一届三中全会后,我们才相信头上悬的那把达摩克利斯剑总算消失了。我时常想,说不定哪一天,夹在某本旧书中的梁思成来信,会再一次露面。

1979年萧乾赴美参加艾奥瓦国际写作计划的活动,事后到各州去转了转。林徽因的二弟林桓当时正在俄亥俄大学任美术学院院长,他创作的陶瓷作品曾为欧美各大博物馆所收藏。林桓听说萧乾来美,就跑了好几个州才找到了萧乾——当时他正在几家大学作巡回演讲。1932年萧乾曾在福州英华中学教过林桓。阔别了近半个世纪的师生畅谈了一通。林桓表示很想回国讲学,为祖国的陶瓷事业出点儿力气。萧乾回京后,曾为此替他多方奔走过,但始终没有结果。

20世纪80年代初,萧乾从美国为梁从诫带来了一封费正清写给他的信。梁从诫住在干面胡同,离我所在的出版社不远,我顺路把信送去了。当年的英俊少年已成长为风度翩翩的中年人。我还看到了他那位在景山学校教英文的妻子和小女儿——她长得很漂亮,令人想起奶奶林徽因。告辞出来,忽然看见金岳霖教授独自坐在外屋玩纸牌。尽管那时他已八十开外了,腰背依然挺直。我告诉他,1946至1947年,我曾旁听过他的逻辑课,而正式教我的是一位王教授。他不假思索地就把那位王教授的名字说了出来。林徽因和梁思成相继去世了,金岳霖居然能活到新时期,并在从诫夫妇的照拂下安度晚年,还是幸福的。

去年8月,我陪萧乾去看望冰心大姐。那是凌叔华去世后头一次见到大姐。话题不知怎的就转到林徽因身上。我想起费正清送给萧乾的《五十年回忆录》中,有一章谈及徐志摩当年在英国怎样热烈追求过林徽因。我对大姐说:"我听说陆小曼抽大烟,挥霍成性。我总觉得徐志摩真正爱的是林徽因。他和陆小曼的那场热恋,很有点做作的味道。"

大姐回答说:"林徽因认识徐志摩的时候,她才10岁,徐比她大十来岁,而且是个有妇之夫。像林徽因这样一位大家闺秀,是绝不会让他为自己的缘故而离婚的。"

接着,大姐随手在案头的一张白纸上写下这样十个字:

说什么已往，

　　骷髅的磷光。

　　大姐回忆说：1931年11月11日，徐志摩因事从北平去上海前，曾来看望过她。这两句话就是徐志摩当时写下来的。他用了"骷髅""磷光"这样一些字眼，说明他当时已心灰意冷。19日，徐志摩赶回北平来听林徽因用英文做的有关中国古建筑的报告。当天没有班机，他想方设法搭乘了一架运邮件的飞机。因雾太大，在鲁境失事，不幸遇难身亡。

　　正写到这里，梁从诫打来电话，由于萧乾赶赴文史馆开会，是我接的。他说，15日晚上费慰梅给他挂来长途，告诉他费正清已于14日逝世，委托梁从诫转告在北京的友人。我感到了岁月的无情：又一位了解中国并曾支持过梁思成和林徽因的美国朋友离开了人间。1987年1月我陪萧乾赴港时，曾在香港中文大学的一位教授家里看到一部梁思成的英文遗著《中国建筑史图录》(据梁从诫说，其中"前言"部分，一半出自林徽因的手笔)，那就是由于费正清夫妇的无私帮助，才得以在美国出版的。

　　1988年，萧乾的老友、马来西亚槟州首席部长林苍祐偕夫人访华，我们到香格里拉饭店去看望他们。他指着周围像雨后春笋般冒起来的新型大厦对我们说："这些跟任何西欧大城市有什么两样？还有什么民族特色？"

　　1985年1月我们访问槟州时，曾目睹马来西亚的华族从中国运木材石料，不惜工本盖起具有民族特色的祠堂庙宇和牌楼。在美国、日本、新加坡，凡是有华裔居民的地方，都能看到琉璃瓦、大屋顶的建筑。然而我们却好端端地把城墙、牌楼、三座门等历史悠久的文物群都毁掉了。在《大匠的困惑》一书中，林洙记述了梁思成、林徽因伉俪在保存古迹方面所作的努力（尽管到头来在很大程度上归于徒劳），让后人进一步了解这两位中国知识分子的动人事迹。

　　放下此书，我不禁黯然想道：林徽因倘非死于1955年，而奇迹般地活到1966年8月，又当如何？红卫兵绝不会因为她已病危而轻饶了她。在红八月的冲击下，她很可能和梁思成同归于尽。从这一点来说，她的早逝竟是值得庆幸的。她的遗体得以安葬于八宝山革命烈士公墓，那里还为她竖起一块汉白玉墓碑。

　　美国汉学家费正清的夫人费慰梅在《回忆林徽因》一文中说："在她身上有着艺术家的全部气质。她能够以其精细的洞察力为任何一门艺术留下自己的痕迹。"

　　欧洲文艺复兴时期，曾出现过像达·芬奇那样的多面手。他既是大画家，又是大数学家、力学家和工程师。林徽因则是在中国的文艺复兴(五四运动)时期脱颖而出的一位多才多艺的人。她在建筑学方面的功绩，无疑是主要的，然而在诗歌、小说、散文、戏剧方面，也都有所建树。我衷心希望文学研究者在搜集、钻研五四以来的几位大师的鸿著之余，也来顾盼一下这位像彗星般闪现在五四文坛上的才女所留下的珍贵的痕迹，她是不应被遗忘的。

作者以追忆的方式，粗线条地把一位美丽端庄、感情细腻、聪慧敏锐的才女，朦胧呈现在读者眼前，给人以隔雾看花的美感。

文章的节奏舒缓随意，语言朴素雅淡，淳静里涌动着一股内在的意韵。

1.作者引用美国文学家费玉清的夫人费慰梅的话评价说："在她身上有着艺术家的全部气质。她能够以其精细的洞察力为任何一门艺术留下自己的痕迹。"你怎样理解这句话？

2.作者说林徽因的早逝是"值得庆幸的"，你怎样理解？

# 别让自己更孤独

◆刘　墉

"彰显自己，不必否定他人！"

"如果你发现这个社会不公平，与其抱怨，不如自己努力，去创造一个公平的社会。"

傍晚，我站在台北办公大楼的门前，看见一辆公共汽车驶过，有个黑人正从后排的车窗向外张望，我突然兴起一种感伤，想起多年前的纽约公车上见到的一幕：

一个黑人妈妈带着不过四五岁的小女儿上车，不用票的孩子自己跑到前排坐下，黑人妈妈丁零当啷地丢下硬币。但是，才往车里走，就被司机喊住：

"喂！不要走，你少给了一毛钱！"

黑人妈妈走回收费机，低头数了半天，喃喃地说："没有错啊！"

"是吗？"司机重新瞄了一眼，挥挥手："喔，没有少，你可以走了！"

令人惊心的事出现了：当黑人妈妈涨红了脸，走向自己的小女儿时，突然狠狠出手，抽了小女孩一记耳光。

小女儿怔住了，捂住火辣辣的脸颊望着母亲，露出惶恐无知的眼神，终于哇的一声哭了出来。

"滚！滚到最后一排，忘了你是黑人吗？"妈妈厉声地喊，"黑人只配坐在后面！"

全车都安静了，每个人，尤其是白人，都觉得那一记耳光，是火辣辣地打在自己的脸上。

当天晚上，我把这个故事说给妻听，她却告诉我另一段感人的事！一个黑人沉重地在入学申请书的自传上写着："童年记忆最清楚的，是我第一次去找白人孩子玩耍，我站在他们中间，对他们笑，他们却好像没看见似的，从我身边跑开。我委屈地哭，别的黑小孩，非但不安慰，反而过来嘲笑我：'不看看自己是什么颜色。'我回家用肥皂不断地洗身体，甚至用刷子刷，希望把自己洗白些，但洗下来的不是黑色，是红色，是血！"

多么触目惊心的文字啊！使我几乎觉得那鲜红的血，就在眼前流动，也使我想起《汤姆历险记》那部电影里的一个画面——

黑人小孩受伤了，白人孩子惊讶地说："天啊！你的血居然也是红的！"

这不是新鲜笑话，因为我们时时在说这种笑话，我们很自然把人分成不同等级，昧着良心认为自己高人一等，故意忽略大家同样是"人"的本质！

最近有个朋友在淡水找到一栋他心目中最理想的房子，前面对着大片的绿地，后面有山坡，远远更能看到观音山和淡海。但是，就在他要签约的前一天，突然改变心意，原因是他知道离那栋房子不远的地方，将要建国民住宅。他愤愤地说："你能容忍自己的孩子跟未来那些平价国宅的孩子玩耍吗？买 2000 万元的房子，就要有 2000 万元身价的邻居！"

这也使我想起多年前跟朋友到阿里山旅行，坐火车到嘉义市，再叫计程车上山。车里有 4 个座位，使我们不得不与一对陌生夫妻共乘。

途中他们认出了我，也就聊起来；从他们在鞋子工厂的辛苦工作，谈到我在纽约的种种。下车后，我的朋友很不高兴地说："为什么跟这些小工说那么多？有伤身份！"

实在讲，他说这句话正有伤他自己的身份！因为不尊重别人的人，正显示了他本身的无知，甚至自卑造成的自大。

我曾见过一位画家在美国画廊示范挥毫，当技惊全场、获得热烈掌声之后，有人举手："请问中国画与日本画的关系。"

"日本画全学自中国，但是有骨没肉，毫不含蓄，不值得一看！"

话没完，观众已纷纷离席。他竟不知道——

"彰显自己，不必否定他人！"

否定别人的人，常不能有很好的人际关系，因为他自己心里有个樊篱，阻挡别人，也阻碍了自己。

有位美国小学老师对我说："当你发现低年级的孩子居然就有种族歧视的时候，找他的父母常没用，因为孩子懂什么，他的歧视多半是从父母那里学来的！只是，我担心这种孩子未来在社会上会变得孤独！"

我回家告诉自己的孩子：

"如果你发现这个社会不公平，与其抱怨，不如自己努力，去创造一个公平的社会。所以当你发现白人歧视黄种人时，一方面要努力，以自己的能力证实黄种人绝不比白种人差，更要学会尊重其他人种！如果你自己也歧视黑种人、棕种人，又凭什么要白种人不歧视你呢?！"

正因此，我对那位同去阿里山和那位买淡水别墅的朋友说：

"我们多么有幸，生活在这个没有什么明显种族区别的社会，又何必要在自己的心里划分等级?！小小的台湾岛，立在海洋之中，已经够孤独了，不要让自己更孤独吧！"

本文作者用朴实的语言向人们揭示了一个道理，人和人之间应该是平等的，无论国籍，无论肤色，无论种族。人们只有用平常心看待人与人之间的差别，才学会尊重其他种类的人，不让自己更孤独。

1.黑人妈妈抽自己孩子一耳光的真实意图是什么?你认为她这样做对吗?

2."小小台湾岛，立在海洋之中，已经够孤独了，不要让自己更孤独吧!"这句话表达了作者怎样的愿望?

# 真 挚 友 情

◆佚 名

有的孤独，有的抱着希望，有的烦忧沉郁。在人生的长途中，这种心情和感觉均需要伙伴，需要友情。本来是陌生人，有一个人伸出手来，就成了朋友。

苏格兰著名作家及笑星劳得常打趣观众说："你们比肩并坐了两小时，没有一个和邻座的人谈话！"观众觉得他这句话真逗人。于是很少有人不转头和邻座交谈。

就是这么简单容易。一句话，一个微笑，邻座的人就可能成为自己的朋友。在我们的一生中，我们时常会因为太自高自大，或者太自惭形秽而得不到友情。

有一次，大风雪后，积雪满街，交通断绝。我们公寓大楼中的煤用完了，食品杂货店的人没货来，没有自来水，电梯也因故障而不动。从来没有交谈过的邻居们相互敲门，愿意接济食物、牛奶、唱片等等。有个人家举行舞会，使我们大家兴致热烈起来。参加舞会的人从 11 岁到 75 岁的都有，我们这才发现，大楼的管理员会弹钢琴。

当时我想：如果平时能有这种友好互助的精神，那么大楼中每天的日常生活会多么精彩！

你当然在旅行时可以冷然拒人于千里之外。但是，那种态度也会使你不能享受众人之乐。你如果看不到世人的内心，你就看不到世界。打开袜盒让顾客挑选的女店员、街头值勤的警察、公共汽车司机、电梯司机、擦鞋童……他们都是有个性的人，每个人都有一个丰富的内心世界。我们大多数人总是陷入刻板的生活，每天见同样那几个人，和他们谈同样的事。其实，和陌生人谈话，特别是和不同行业的人谈话，更能给你提供新的经验和感受。乡野的农夫，偏僻地点加油站的工人，抱着孩子的极为得意的女人，全能使我衷心愉悦，觉得世界上充满了生机。

我们许多人自觉没有什么可以给人，但是我们至少可以接受别人的盛情。如果我们不是熟视无睹，而是仔细看人，我们很可能从他的眼光中看到他心有疑难。我如果看见车站上有一个女人在流泪，一个孩子眼露痛苦之色，或是一个外国人身在异乡、手足无措，而不上去询问帮助，我就不能原谅自己。

我认识的一位妇人乘火车西行，在中途一个荒野小镇停车时下车散步。这时东行的火车也抵站，两列车有很多的乘客在车站上悠闲踱步。她看到个面带笑容的男子，两人便谈起话来，一同散步，火车鸣笛催乘客上车时，那男子说："我们也许从此不会再见面了。"他们握手道别，却登上了同一列火车！

其后许多年，他们互相通信，直到离世。两人所求的都不是恋情，而是珍贵的友情。

问问你自己：你的知己中，有几个是经过正式介绍而认识的？我记得我在一处海滩下认识的鲍尔德，就是他从水中走上来，我正要走下水去时认识的；我在纽约一家餐馆中遇到艾伯特，是他正在看一本我当时极为欣赏的书时认识的；我在峡谷遇到戈登，他初睹奇景，急欲找人一谈，就在他对我一吐为快时，我们相识了。

亿万人的情绪感觉各有不同：有的孤独，有的抱着希望，有的烦忧沉郁。在人生的长途中，这种心情和感觉均需要伙伴，需要友情。本来是陌生人，有一个人伸出手来，就成了朋友。

友谊来自交流。只有两个人打开心扉，交换相互的思想和感情，才会发现对方是一个多么独特的个体呀！友谊也促人成长，让你多拥有一份人生经历和感受，所以"伸出你的手，伸出我的手，我们永远是朋友"。

1.读完这篇文章后，请你说说交友会给人带来什么好处？
2.茫茫人海中，你有几个知心朋友？你们平时的交流多吗？

# 友谊与爱情

◆佚 名

当爱情死亡时，你会跪在她的遗体边说，我其实已经同你一起死了；当友谊死亡之时，你会默默地为她献上一个花圈，把她的名字刻在你的心碑上，悄然而去……

一个充满稚气的大男孩里查，与一个同样充满稚气的大女孩安妮玩得很好，两人感情很融洽。

"你们在相爱！"旁人评论说。

"是吗？我们在相爱吗？"他们问别人，也问自己。是的，他们弄不清自己是在与对方相爱，还是在与对方享受朋友间的友谊。

于是，他们去问智者。

"告诉我们友谊与爱情的区别吧！"他们恳求道。

智者含笑看着两个年轻人，说道：

"你们给我出了一个最难解的难题。爱情和友谊像一对性格迥异的孪生姊妹，她们既相同，又不同。有时，她们很容易区分，有时却无法辨别……"

"请举例说明吧！"大男孩和大女孩说。

"她们都是人间最美好最温馨的情感。当她们给人们带来美,带来善,带来快乐时,她们无法区别;当她们遇到麻烦和波折时,反映就大不相同了。"

"比如……"男孩和女孩问。

"比如,爱情说:你是属于我一个人的;友谊却说:除了我,你还可以有她和他。"

"友谊来了,你会说:请坐请坐;爱情来了,你会拥抱着她,什么也不说。"

"爱情的利刃伤了你时,你的心一边流血,你的眼却渴望着她;友谊锋芒刺痛了你时,你会转身而去,拔去芒刺,不再理她。"

"友谊远行时,你会笑着说:祝你一路平安! 爱情远行时,你会哭着说:请你不要忘了我。"

"爱情对你说:我有时是奔涌的波涛,有时是一江春水,有时又像凝结的冰;友谊对你说:我永远是艳阳照耀下的一江春水。"

"当你与爱情被追杀至绝路时,你会说:让我们一起拥抱死亡吧;当你与友谊被追杀得走投无路时,你会说:让我们各自找条生路吧。"

"当爱情遗弃了你时,你可能大醉三天,大哭三天,又大笑三天;当友谊离你而去时,你可能叹一天气,喝一天茶,又花一天的时间寻找新的友谊。"

"当爱情死亡时,你会跪在她的遗体边说,我其实已经同你一起死了;当友谊死亡之时,你会默默地为她献上一个花圈,把她的名字刻在你的心碑上,悄然而去……"

大男孩和大女孩相视而笑,他们互相问道:

"当我远行时,你是笑呢还是哭?"

对于友谊和爱情,每个人都有自己的区分尺度,不管你是否同意智者的话,有一点是可以肯定的,那就是爱情是较友谊更为热烈,更为唯一,更为专注的情感。当你发现自己真爱上一个人,你的心里便不再容纳其他,而当他的爱逝去,你会觉得失去的是整个的世界,爱更多的时候是作为人生的意义而存在的。

1. "友谊与爱情像一对性格迥异的孪生姊妹,她们既相同,又不同。"读完这篇文章后,你对这句话有着怎样的感悟。

2. 少年男女往往分不清哪是友谊,哪是爱情,你能把它们区分开吗?